IMITAÇÃO DE CRISTO

AF728112

TOMÁS DE KEMPIS

IMITAÇÃO DE CRISTO

Traduzido por ANTIVAN GUIMARÃES

mundocristão
São Paulo

Copyright © 2017 por Editora Mundo Cristão

Os textos de referência bíblica passíveis de identificação foram extraídos da *Nova Versão Internacional* (NVI), da Biblica Inc., salvo a seguinte indicação: BJ (*Bíblia de Jerusalém*, da Editora Paulus). As transcrições, porém, nem sempre são literais, a fim de se preservar o texto original.

Todos os direitos reservados e protegidos pela Lei nº 9.610, de 19/02/1998.

É expressamente proibida a reprodução total ou parcial deste livro, por quaisquer meios (eletrônicos, mecânicos, fotográficos, gravação e outros), sem prévia autorização, por escrito, da editora.

CIP-Brasil. Catalogação na publicação
Sindicato Nacional dos Editores de Livros, RJ

K42i

Kempis, Tomás de
Imitação de Cristo / Tomás de Kempis ; tradução Antivan Guimarães. - 1. ed. - São Paulo : Mundo Cristão, 2017.
240 p. ; 21 cm.

Tradução de: The imitation of Christ
ISBN 978-85-433-0272-0

1. Jesus Cristo - Meditações. 2. Jesus Cristo - Exemplo. 3. Vida espiritual - Cristianismo. I. Guimarães, Antivan. II. Título.

17-45013 CDD: 232.904
CDU: 27-318

Categoria: Literatura

Publicado no Brasil com todos os direitos reservados por:
Editora Mundo Cristão
Rua Antônio Carlos Tacconi, 69, São Paulo, SP, Brasil, CEP 04810-020
Telefone: (11) 2127-4147
www.mundocristao.com.br

1ª edição: novembro de 2017
Impressão digital sob demanda

Sumário

Livro 2

Conselhos para a vida interior

Livro 3

Consolações interiores

Prefácio

Popular desde que foi escrito, este grande clássico cristão se tornou, ao longo de quase seis séculos, o livro mais lido e mais apreciado depois da Bíblia. No âmbito do protestantismo, ele rivaliza com outra obra devocional de grande impacto, *O peregrino*, do puritano John Bunyan. John Wesley, o fundador do metodismo, considerou-o o melhor sumário da vida cristã e o traduziu para seus seguidores. O livro *Imitação de Cristo*, ou simplesmente *Imitação*, consiste em uma série de tratados escritos por um monge e místico na década de 1420. Como os primeiros manuscritos são anônimos, ao longo do tempo surgiram divergências quanto à sua autoria. Entre cerca de 25 autores propostos, os principais são Bernardo de Claraval, Boaventura, Jean de Gerson e Gerard Groote. Todavia, a maior parte dos estudiosos reconhece como autor o alemão Tomás de Kempis, ou Thomas à Kempis (1380-1471).

Tomás Hemerken nasceu em Kempen, perto de Düsseldorf, na diocese de Colônia, e seus primeiros estudos foram feitos numa escola dirigida por sua mãe. Em 1392, seguiu para Deventer, nos Países Baixos, onde esperava encontrar seu irmão mais velho, João, e dar continuidade aos estudos. Ao saber que João havia se filiado aos Irmãos da Vida Comum e estava agora no mosteiro de Windesheim, vinte milhas ao norte, seguiu ao seu encontro. O irmão o enviou de volta a Deventer com uma carta de recomendação para Florêncio Radewijns. Este tinha sido um dos primeiros discípulos de Gerard Groote (1340-1384), que o havia atraído para a chamada *Devotio Moderna* ou Nova Devoção, um vigoroso movimento de renovação da vida espiritual de clérigos e leigos nos Países Baixos.

Depois de sete anos de estudos em Deventer, em 1399 ele foi visitar seu irmão, que naquele ano havia sido eleito prior do recém-fundado mosteiro do Monte Santa Agnes, perto de Zwolle. Foi aceito nessa comunidade como aspirante à vida monástica, participando ativamente de sua vida devocional e intelectual. Em 1406, foi formalmente admitido na Congregação dos Cônegos Regulares de Santo Agostinho, recebendo o hábito branco, e dois anos mais tarde assumiu os votos religiosos. Foi ordenado ao sacerdócio em 1413 e eleito subprior da comunidade em 1425. Como tal, não somente se tornou assistente do prior, mas também foi incumbido de instruir os aspirantes e noviços na vida religiosa. Foi nessa época que teria escrito os quatro tratados que constituem *Imitação*.

À exceção de um exílio de três anos (1429-1432), ele passou o restante de sua longa vida no Monte Santa Agnes. Escreveu muitas outras obras devocionais, entre as quais *O solilóquio da alma*, *Sobre os três tabernáculos*, *Orações e meditações sobre a vida de Cristo*, *A elevação da mente*, *O jardim de rosas*, *Sobre a solidão e o silêncio* e *Sermões aos noviços*. Também produziu biografias de Gerard Groote e Florêncio Radewijns. Estava escrevendo a história do mosteiro do Monte Santa Agnes quando faleceu em 1471, com pouco mais de 90 anos.

O fato de os primeiros manuscritos de *Imitação de Cristo* serem anônimos se explicaria pela própria atitude do autor revelada no livro 1, capítulo 2: "... não queira ser conhecido e não procure a estima dos homens". Em 1434, quando Jean de Bellerive ofereceu uma cópia da obra aos Irmãos da Vida Comum de Weinbach, perto de Colônia, disse o seguinte sobre o autor: "Ele não quis se identificar, e isso lhe alcançará uma recompensa eterna, mas Jesus conhece bem o seu nome". Todavia, no livro *Personagens ilustres de Windesheim* (c. 1464), Johannes Busch, um membro da mesma congregação religiosa de Tomás, o descreveu como "o autor de vários tratados devocionais, especialmente 'Quem me segue: sobre a imitação de Cristo' e outros livros devotos".

O melhor manuscrito de *Imitação de Cristo* tem a caligrafia de Tomás e apresenta no final a seguinte anotação: "Concluído e completado no ano de nosso Senhor, 1441. Pela mão do Irmão Tomás de Kempis, no Monte Santa Agnes, perto de Zwolle". Embora a anotação não afirme explicitamente que Tomás é o autor, o estudioso Joseph N. Tylenda observa que o texto está encadernado com nove outros tratados certamente escritos por ele. Esse famoso manuscrito está preservado na Biblioteca Real de Bruxelas. A primeira edição impressa de *Imitação de Cristo* foi publicada em Augsburgo, em 1471/1472.

Imitação de Cristo pode ser caracterizado como um guia ou manual de espiritualidade do final da Idade Média. Reflete particularmente o ambiente monástico, tão importante naquele período. Nele, um monge se dirige a seus irmãos, instruindo-os sobre a vida espiritual e devocional à luz das novas ênfases e preocupações da *Devotio Moderna*. Vale lembrar que Tomás de Kempis era o instrutor espiritual dos noviços de seu mosteiro. Aparentemente, os quatro livros que compõem a obra foram escritos de maneira independente, sendo coletâneas de sentenças breves e facilmente memorizáveis. O desenvolvimento dos livros e dos capítulos não segue uma lógica particular, de modo que a leitura pode ser iniciada em qualquer ponto do texto sem prejuízo para o leitor.

O livro 1, intitulado "Conselhos úteis para a vida espiritual", tem 25 capítulos que acentuam a centralidade da imitação ou seguimento de Cristo e da vida virtuosa, em especial o cultivo da humildade, da paciência, do recolhimento e da oração. É do início do primeiro capítulo que vem o título da obra inteira. O livro 2, "Conselhos para a vida interior", com 12 capítulos, reforça a piedade cristocêntrica, característica primordial dessa obra, com suas virtudes essenciais: simplicidade, pureza e retidão de coração. No livro 3, "Consolações interiores", o mais longo de todos, com 59 capítulos, se encontra um diálogo entre Cristo e o seu discípulo ou seguidor; a ênfase está na comunhão íntima da alma com Deus, o centro da piedade mística. Finalmente, o livro 4, "Sobre o sacramento", com 18 capítulos, destaca a importância da eucaristia e a dignidade do estado sacerdotal.

Imitação de Cristo respondeu a uma série de inquietações e temores da época em que foi escrito. Muitos ainda se lembravam da horrível epidemia de peste bubônica, a peste negra, que havia dizimado um terço da população da Europa em 1348. Durante a vida de Tomás de Kempis ocorreram outros eventos angustiosos: a Guerra dos Cem Anos (1337-1453), entre Inglaterra e França; o Grande Cisma do Ocidente (1378-1417), quando o trono pontifício foi reivindicado por dois e até mesmo três papas simultâneos; e a queda de Constantinopla diante dos turcos muçulmanos (1453). A insegurança e a morte eram uma realidade sempre presente. Diante dessa situação, em que os próprios fundamentos da igreja e da sociedade pareciam estar ruindo, Tomás de Kempis propôs uma resposta: a busca da interioridade e o refúgio da alma em Deus. Faustino Teixeira lembra aqui a herança agostiniana, pois foi o bispo de Hipona quem fundou uma tradição ocidental específica da interioridade ou subjetividade (*Confissões*, livro 7, cap. 10).

Em épocas mais recentes, têm sido feitas algumas ressalvas ao conteúdo de *Imitação de Cristo*, como o seu pequeno interesse doutrinário, sua negação do mundo e seu anti-intelectualismo. Todavia, é preciso considerar, primeiro, o contexto histórico da obra, já mencionado, e, em segundo lugar, o seu escopo — texto escrito por um monge para outros monges. Trata-se de uma série de meditações para o aprofundamento da vida interior, sendo, como observa Pierre Guilbert, o testemunho de uma experiência espiritual vivida e compartilhada. Sua ênfase mais importante é a escolha radical que se impõe a quem quer ser discípulo de Cristo. Um exemplo dessa preocupação pode ser visto nas profundas reflexões sobre levar a cruz (livro 2, cap. 11).

Uma última observação diz respeito ao rico conteúdo bíblico presente em *Imitação de Cristo*. Diferentes autores têm identificado no texto centenas de citações, paráfrases e reminiscências da Escritura, tanto do Antigo quanto do Novo Testamento. Entre elas se destacam mais de 100 citações de 60 salmos diferentes. Esse fato, aliado a uma forte ênfase cristocêntrica, tem tornado essa obra atraente para a mentalidade protestante. Considera-se mesmo que esse tipo de espiritualidade bíblica e cristocêntrica do final da Idade Média foi um dos fatores que contribuíram para o surgimento da Reforma do século 16. A Editora Mundo Cristão merece cumprimentos por lançar esta nova edição de um famoso clássico que vem sendo publicado no Brasil há mais de um século, contribuindo assim para sua maior divulgação no meio evangélico, tanto leigo quanto acadêmico.

Alderi Souza de Matos, Th.D.

Livro 1

Conselhos úteis para a vida espiritual

1
A IMITAÇÃO DE CRISTO E O DESPREZO A TODAS AS VAIDADES DO MUNDO

1 "Quem me segue, nunca andará em trevas", diz o Senhor (Jo 8.12). Essas são palavras de Cristo, e com elas aprendemos como devemos imitar sua vida e seus costumes, se quisermos ser realmente iluminados e livres de toda a cegueira do coração.

Seja, portanto, nosso principal empenho a meditação sobre a vida de Jesus Cristo.

2 A doutrina de Cristo excede todas as doutrinas dos santos, e quem tem o Espírito encontrará nela um maná escondido.

Acontece, porém, que muitos dos que ouvem o evangelho sentem pouca afeição por ele, porque não têm o espírito de Cristo.

Mas todo aquele que entende e aprecia plenamente as palavras de Cristo deve se esforçar para conformar por inteiro sua vida à vida dele.

3 De que adianta discussões profundas sobre a Trindade se você não é humilde, desagradando assim a Trindade?

Pois não são as palavras elevadas que tornam um homem santo e justo; é a vida virtuosa que o torna querido por Deus.

Prefiro sentir a contrição a saber defini-la.

Se você soubesse a Bíblia toda de cor e conhecesse os pensamentos de todos os filósofos, de que adiantaria sem o amor e sem a graça de Deus?

"Que grande inutilidade! Nada faz sentido!" (Ec 1.2), nada, exceto amar a Deus e servir tão somente a ele.

Não há sabedoria mais elevada que esta: pelo desprezo do mundo caminhar em direção ao reino dos céus.

4 É inútil, portanto, buscar as riquezas que perecem e nelas confiar.

É inútil perseguir honrarias e posições elevadas.

É inútil seguir os desejos da carne e trabalhar pelo que, depois, resultará em dura punição.

É inútil desejar vida longa e descuidar-se de viver bem.

É inútil se importar apenas com a vida presente e não esperar o que há de vir.

É inútil colocar o amor naquilo que passa rapidamente e não se apressar na direção de onde a alegria eterna se encontra.

5 Lembre-se sempre do provérbio que diz: "Os olhos nunca se saciam de ver, nem os ouvidos de ouvir" (Ec 1.8).

Esforce-se para que seu coração não se apegue às coisas visíveis. Volte-se para o que é invisível.

Porque quem segue suas paixões mancha a consciência e perde o favor de Deus.

2

Pense com humildade a respeito de si mesmo

1 Todo homem sente o desejo natural de conhecer, mas de que adianta o conhecimento sem o temor a Deus?

Pois melhor é o lavrador humilde que serve a Deus do que o filósofo orgulhoso que, descuidando de si mesmo, esforça-se para compreender o curso dos astros.

Quem conhece bem a si mesmo é humilde a seus próprios olhos e não se alegra com os elogios dos homens.

Se eu compreendesse todas as coisas que há no mundo e não tivesse caridade, de que isso me ajudaria diante de Deus, que me julgará segundo minhas obras?

2 Abandone o desejo desordenado de conhecer, porque nisso há muita distração e engano.

Os instruídos gostam de parecer assim diante dos outros, e de serem tidos por sábios.

Há muitas coisas que pouco ou bem nenhum aproveitam à alma.

É tolo quem se preocupa com outras coisas, e não com as que podem conduzir à salvação.

A alma não se satisfaz com muitas palavras, mas uma vida boa conforta o entendimento, e uma consciência pura concede grande segurança em Deus.

3 Quanto mais e melhor você souber, e quanto mais entender, tanto mais severamente será julgado, a menos que sua vida seja também mais santa.

Portanto, não se vanglorie pelo entendimento de qualquer tipo de arte ou ciência que você tenha; antes, o conhecimento que lhe foi concedido faça de você uma pessoa mais humilde e prudente.

Se você pensa que entende e conhece muito, saiba que desconhece outras tantas coisas.

Não queira parecer sábio demais; pelo contrário, reconheça sua própria ignorância.

Por que você preferiria a si mesmo a outros, visto que há muitos mais sábios e hábeis nas Escrituras do que você?

Se quiser saber ou aprender alguma coisa proveitosa, não queira ser conhecido e não procure a estima dos homens.

4 A ciência mais elevada e mais proveitosa é o verdadeiro conhecimento e o desprezo de si mesmo.

É grande sabedoria e perfeição considerar-se como nada, e pensar coisas boas e elevadas sobre os outros.

Se você vir alguém pecando abertamente, ou praticando algum pecado hediondo, não pense que é melhor do que ele, porque você não sabe quanto tempo será capaz de persistir nesse bom estado.

Somos todos fracos, mas não considere ninguém mais fraco do que você mesmo.

3

A doutrina da verdade

1 Feliz é aquele que se deixa instruir pela verdade, não por figuras e palavras que passam, mas pela verdade.

Nossa opinião pessoal e nossa percepção muitas vezes nos enganam, e de pouco adiantam para o entendimento.

De que vale discutir acaloradamente sobre coisas obscuras e ocultas, sendo que ignorá-las não será para nós motivo de reprovação no dia do julgamento?

É loucura desprezar as coisas proveitosas e necessárias e ocupar a mente com o que é curioso e prejudicial; "temos olhos, mas não podemos ver" (Sl 115.5).

2 Que temos nós a ver com os gêneros e as espécies de que falam os filósofos?

Aquele a quem a Palavra eterna fala é liberto de um mundo de teorias desnecessárias.

Dessa Palavra procedem todas as coisas, e todas falam dela, e este é o princípio, que também fala a nós.

Ninguém que não tenha essa Palavra compreende ou julga corretamente.

Aquele para quem todas as coisas são uma só, que reduz todas as coisas a uma só, e tudo vê em um só, terá a mente tranquila e ficará em paz com Deus.

Ó Deus, tu que és a verdade, faze-me um contigo na caridade eterna.

Cansa-me ler e tanto ouvir uma porção de coisas; em ti encontro tudo o que quero e desejo.

Emudeçam todos os sábios, calem-se todas as criaturas à tua vista; fala tu somente a mim.

3 Quanto mais o homem se recolhe em si mesmo, e mais simples se torna em seu interior, tanto mais entende as coisas elevadas sem esforço, pois para isso recebe a luz do intelecto que vem de cima.

Um espírito puro, sincero e firme não se deixa distrair, ainda que se ocupe de muitos trabalhos, porque tudo coopera para a honra de Deus, e estando tranquilo e quieto, não busca a si mesmo em tudo quanto faça.

O que mais impede e preocupa você, senão as afeições não mortificadas de seu coração?

O homem bom e piedoso prepara de antemão dentro de si aquelas coisas que porá em ação no dia a dia.

Elas não o conduzem de acordo com os desejos que tendem para o mal; ele as ordena em conformidade com a direção da justa razão.

Que maior combate pode haver do que o de quem se esforça para vencer a si mesmo?

Para isso devemos nos esforçar, para conquistar a nós mesmos e nos fortalecer diariamente, e assim crescer cada vez mais em santidade.

4 Em toda perfeição nesta vida há alguma imperfeição de permeio, e não há conhecimento que não carregue consigo alguma treva.

O conhecimento humilde de si mesmo é caminho mais seguro para Deus do que o desejo profundo de conhecer a ciência.

Não se deve, porém, culpar a ciência, nem se deve desprezar o mero conhecimento do que quer que seja, pois é bom em si mesmo e ordenado por Deus; uma boa consciência e uma vida virtuosa, porém, devem ser sempre preferíveis.

Entretanto, visto que muitos se esforçam para obter conhecimento, e não para viver bem, acabam frequentemente enganados, e o fruto que colhem é pouco ou nenhum.

5 Ah, se os homens dedicassem tanto esforço a desarraigar vícios e a plantar virtudes quanto se dedicam a fazer perguntas, não haveria tanto mal e tantos escândalos no mundo, e nos conventos não haveria tanta negligência.

A verdade é que no dia do julgamento não seremos avaliados pelo que lemos, e sim pelo que fizemos; não seremos avaliados por nossa habilidade com as palavras, e sim pela vida virtuosa que tivemos.

Diga-me, agora, onde estão todos os doutores e mestres a quem você conhecia tão bem enquanto viviam e prosperavam em sua ciência?

Hoje, outros são donos dos bens que possuíam e talvez pouco se lembrem deles. Em vida, pareciam ser alguma coisa, mas agora ninguém mais fala deles.

6 Como se esvai depressa a glória deste mundo! Ah, se a vida deles tivesse correspondido à sua ciência! Porque assim seu estudo e sua leitura teriam servido a um bom propósito.

Quantos perecem por causa da ciência vã deste mundo, e tão poucos se preocupam em servir a Deus!

Porque preferindo ser importantes a humildes, "seus pensamentos se tornaram fúteis" (Rm 1.21).

Pois grande é quem é grande em caridade.

Grande é quem se faz pequeno e não se importa nem um pouco em receber honras elevadas.

Pois sábio é quem "considera todas as coisas terrenas como esterco, para poder ganhar Cristo" (Fp 3.8).

Sábio é quem faz a vontade de Deus e abre mão de sua própria vontade.

4
Sabedoria e prudência nas ações

1 Não devemos dar ouvidos a muitas conversas ou sugestões, mas, com cautela e paciência, refletir sobre as coisas de acordo com a vontade de Deus.

Infelizmente, nossa fraqueza é tanta que muitas vezes preferimos pensar e falar mal a pensar e falar bem dos outros.

Os que são perfeitos não dão crédito facilmente a tudo o que lhes dizem, porque sabem que a fragilidade humana é "inteiramente inclinada para o mal" (Gn 8.21) e, não raro, peca por palavras.

2 É grande sabedoria guardar-se da precipitação em tudo quanto fizer, e não se apegar de maneira inflexível a suas opiniões.

Também é sábio não acreditar em tudo o que se ouve, bem como não dizer apressadamente a outros o que se ouviu ou no que se crê.

Consulte-se com um sábio, uma pessoa consciênciosa, e procure se instruir com alguém melhor que você, em vez de seguir seus próprios pensamentos.

Uma vida decente torna o homem sábio diante de Deus e lhe dá experiência em muitas coisas.

Quanto mais humilde for o homem em seu interior, e quanto mais submisso a Deus, tanto mais prudente ele será em seus afazeres, e desfrutará de grande paz e tranquilidade no coração.

5
A leitura das Sagradas Escrituras

1 Nas Sagradas Escrituras devemos buscar a verdade, e não a eloquência.

Todas as partes das Escrituras devem ser lidas com o mesmo espírito em que foram escritas.

Devemos buscar nas Escrituras nosso proveito espiritual, e não a sutileza da linguagem.

Devemos ler livros simples e piedosos com o mesmo interesse com que lemos livros sublimes e profundos.

Não se deixe impressionar pela autoridade do autor, seja ele muito ou pouco instruído; antes, deixe que o amor à verdade pura o atraia à leitura.

Não procure saber quem disse isso ou aquilo; tão somente esteja atento ao que é dito.

2 O homem passa, mas a verdade do Senhor permanece para sempre. Deus nos fala de diferentes maneiras e sem acepção de pessoas.

Nossa curiosidade muitas vezes nos impede de ler as Escrituras sempre que queremos examinar e discutir aquilo que não deveria ocupar muito nossa atenção.

Se quiser tirar proveito do que lê, leia com humildade, simplicidade e fé, sem jamais desejar a reputação de sábio.

Pergunte livremente, e ouça em silêncio as palavras dos santos; não despreze as histórias dos antigos, porque não é sem razão que elas são sempre contadas.

6

As afeições desordenadas

1 Sempre que o homem deseja alguma coisa desordenadamente, já não tem mais sossego dentro de si.

O orgulhoso e o cobiçoso jamais descansam. Os pobres e humildes de espírito vivem juntos em plena paz.

O homem que ainda não morreu totalmente para si, depressa é tentado e vencido nas coisas pequenas e triviais.

O fraco de espírito, e o que de certa forma ainda é carnal e se delicia nos prazeres dos sentidos, dificilmente consegue se afastar por completo dos desejos terrenos.

Por isso, aflige-se sempre quando deles se afasta, e bem depressa se irrita quando lhe fazem alguma oposição.

2 Quando se deixa levar por sua inclinação, logo o remorso aflora à consciência e lhe tira o sossego, porque se rendeu à sua paixão, que de nada lhe serve para alcançar a paz que buscava.

A verdadeira paz de coração se conquista resistindo-se às paixões, e não cedendo a elas.

O homem carnal e afeiçoado às coisas externas não tem paz no coração. O homem espiritual e piedoso, este tem paz.

7

Fuja da vã esperança e do orgulho

1 Insensato é o homem que coloca sua confiança no homem, ou nas criaturas.

Não se envergonhe de servir a outros por amor a Jesus Cristo e de ser considerado pobre neste mundo.

Não confie em você mesmo, mas coloque sua esperança em Deus.

Faça o que estiver ao seu alcance, e Deus o ajudará em sua boa intenção.

Não confie em seu próprio conhecimento, nem na sutileza de qualquer criatura vivente; antes, confie na graça de Deus, que ajuda o humilde e humilha os soberbos.

2 Não se glorie na riqueza, caso você seja rico, nem em amigos poderosos, mas em Deus, que concede todas as coisas. Acima de tudo, queira dar-se a si mesmo a ele.

Não se orgulhe de sua estatura ou beleza, porque basta uma pequena doença para desfigurá-lo e destruí-lo.

Não se deleite com seus dons naturais ou com sua inteligência, porque desse modo você desagrada a Deus, a quem pertence todo bem natural que você possui.

3 Não se julgue melhor que os outros, para que aos olhos de Deus, que sabe o que há no homem, você não seja considerado pior que os demais.

Não se orgulhe de fazer o bem, porque o julgamento de Deus é muito diferente do julgamento dos homens; muitas vezes, aquilo que lhes agrada não agrada a Deus.

Se você julga haver algum bem dentro de si, saiba que há muito mais nos outros; portanto, permaneça humilde.

Não lhe causará mal nenhum humilhar-se perante todos os homens; contudo, é extremamente nocivo preferir a si mesmo a outra pessoa qualquer.

Os humildes sempre têm paz, mas no coração dos soberbos há inveja e constante indignação.

8

Evite o excesso de intimidade

1 Não abra o coração a qualquer um; antes, discuta seus assuntos com os sábios e com os que temem a Deus.

Não converse muito com os jovens e estranhos.

Não bajule os ricos e não queira aparecer diante de personagens ilustres.

Faça companhia aos humildes e aos simples, aos piedosos e virtuosos, e converse com eles sobre coisas que edificam. Não tenha intimidade com mulher nenhuma, mas confie a Deus as mulheres decentes.

Procure ter comunhão apenas com Deus e seus anjos, e evite a intimidade dos homens.

2 Sejamos sempre caridosos com todos, mas evitemos intimidades.

Às vezes, uma pessoa a quem não conhecemos é muito estimada, porque outros falaram bem dela, mas sua presença não agrada a quem a observa.

Pensamos algumas vezes que agradamos aos outros com nossa intimidade, mas a verdade é que lhes desagradamos com as más qualidades que descobrem em nós.

9
Obediência e sujeição

1 Excelente é viver em obediência, estar sob um superior, e não ser juiz de si mesmo.

É muito mais seguro obedecer que governar.

Muitos vivem em obediência, mais por necessidade que por amor; esses são infelizes, e sofrem com facilidade. Não alcançam a liberdade de espírito, a menos que, de boa vontade e de coração, acolham a obediência por amor a Deus.

Aonde quer que você vá, não encontrará descanso, a não ser na humilde sujeição ao governo de um superior. Muitos se deixaram enganar pela imaginação e pela mudança de lugares.

2 A verdade é que todos prontamente fazem o que está de acordo com seu gosto, e de modo geral têm em alta estima os que pensam como eles.

No entanto, se Deus está entre nós, devemos, por vezes, abrir mão de nossa opinião em nome da paz.

Quem é tão sábio que possa saber todas as coisas?

Não confie demais em sua própria opinião; ouça também o que os outros têm a dizer.

Se você julga alguma coisa boa, mas dela abre mão por causa de Deus e segue a opinião de outro, melhor para você.

3 Muitas vezes ouvi falar que é mais seguro ouvir conselhos e se aconselhar do que dar conselhos.

Pode também acontecer que a opinião das pessoas seja boa, mas recusar-se a se render a outros quando a razão, ou uma causa especial, assim o exigem, é sinal de orgulho e de obstinação.

10

Evite as conversas supérfluas

1 Fuja quanto puder do tumulto do mundo, porque os assuntos mundanos constituem grande obstáculo, mesmo que exista ali intenção sincera.

Pois a vaidade rapidamente nos atrai e nos corrompe.

Muitas vezes, gostaria de ter ficado em paz depois de falar, e quem dera não estivesse estado na companhia dos homens.

Por que temos tanto essa vontade de falar e de conversar uns com os outros se raramente nos calamos sem antes magoar nossa consciência?

A razão pela qual gostamos tanto de falar é que, conversando, buscamos conforto uns nos outros, além do desejo de acalmar o espírito tão sobrecarregado de pensamentos.

Falamos das coisas que mais amamos ou desejamos e nelas pensamos; ou de coisas que mais nos preocupam.

2 Infelizmente, tudo isso muitas vezes é inútil e sem propósito, porque o conforto externo é causa de perda significativa da consolação interna e divina.

Vigiemos e oremos, portanto, para que nossas horas não passem em vão.

Se você tiver de falar, se for algo proveitoso e justo, diga então coisas que edifiquem.

O mau hábito e o desprezo pelo nosso próprio bem ensejam uma liberdade exagerada para o linguajar frívolo.

Mas a conversa piedosa sobre coisas espirituais contribui para nosso crescimento espiritual, principalmente quando pessoas que têm o mesmo pensamento e o mesmo espírito se reúnem em torno de Deus.

11

Para ter paz e progredir na graça

1 Poderíamos desfrutar de muita paz, se não nos ocupássemos com as palavras e as ações de outros homens, com coisas que não nos dizem respeito.

Como pode ficar em paz por muito tempo quem se intromete em assuntos alheios, que busca distrações externas, que pouco ou raramente se concentra em seus pensamentos?

Bem-aventurados são os simples de coração, porque desfrutarão de muita paz.

2 Por que razão alguns santos foram tão perfeitos e contemplativos?

Porque se esforçaram para se mortificar totalmente aos desejos humanos, e assim puderam, de todo o coração, dedicar-se a Deus e ser livres para a contemplação espiritual.

Nós nos deixamos levar excessivamente por nossas paixões, e andamos ansiosos demais por coisas transitórias.

Poucas vezes vencemos um vício completamente, e não nos deixamos inflamar de um desejo fervoroso de nos tornarmos melhores a cada dia. Por isso, permanecemos frios ou mornos.

3 Se estivéssemos totalmente mortos para nós mesmos, e não tão perturbados com nosso interior, poderíamos saborear as coisas divinas e ter alguma experiência da contemplação celestial.

O maior impedimento, aquele que nos detém por inteiro, é que não estamos livres de nossas paixões e desejos e não nos esforçamos para trilhar o caminho de perfeição que os santos trilharam antes de nós. Desse modo, quando nos sobrevém uma adversidade qualquer, por menor que seja, de imediato nos sentimos desanimados e procuramos o conforto humano.

4 Se nos esforçássemos, como homens corajosos, para nos manter de pé na batalha, certamente sentiríamos descer sobre nós o socorro de Deus vindo do céu.

Porque Aquele que nos permite lutar, a fim de que alcancemos a vitória, está pronto para socorrer os que lutam bravamente e confiam de verdade em sua graça.

Se pensamos que nosso progresso na vida religiosa consiste apenas em alguns costumes e regras exteriores, nossa devoção bem depressa acabará.

Mas, com um machado, cortemos a raiz, e assim, livres das paixões, encontraremos descanso para nossa alma.

5 Se todo ano extirpássemos um vício, em pouco tempo alcançaríamos a perfeição.

Em vez disso, porém, muitas vezes percebemos que éramos melhores e mais puros no início de nossa conversão do que depois de muitos anos de profissão de fé.

Nosso fervor e progresso deveriam aumentar dia a dia; no entanto, achamos grande coisa alguém que consiga reter uma parte de seu primeiro zelo.

Se nos esforçássemos pelo menos um pouco no início, seríamos mais tarde capazes de fazer qualquer coisa com facilidade e prazer.

6 Não é fácil abandonar aquilo a que já estamos habituados; mais difícil, porém, é ir contra nossa vontade.

Se, contudo, você não vencer as coisas pequenas e fáceis, como poderá vencer as difíceis?

Resista à inclinação logo de início e desaprenda os maus hábitos, para que, pouco a pouco, eles não o conduzam a dificuldades maiores.

Ah, se você soubesse quanta paz interior teria, e quanta alegria daria aos outros o exemplo de sua vida santificada, tenho certeza de que cuidaria mais de seu progresso espiritual!

12
O LUCRO DA ADVERSIDADE

1 É bom passar às vezes por alguns problemas e aflições, porque com frequência eles obrigam o homem a se voltar para dentro de si e a se dar conta de que está aqui como exilado, e que não deve pôr sua confiança em nada que seja mundano.

É bom que às vezes nos contradigam, e que os homens pensem mal de nós, que nos julguem erradamente, embora pratiquemos o bem e nossa intenção seja boa.

Essas coisas sempre ajudam a nos tornar humildes, e nos afastam da glória vã; pois, assim, buscamos o testemunho interior de Deus, enquanto exteriormente somos condenados pelos homens e ninguém nos dá nenhum crédito.

2 O homem deve confiar em Deus de tal maneira que não seja necessário buscar conforto em homem algum.

Quando um homem bom é afligido, tentado ou incomodado por maus pensamentos, ele entende melhor a necessidade imensa que tem de Deus, sem o qual percebe que não pode fazer coisa alguma que seja boa.

Então ele sofre, lamenta-se e ora devido às infelicidades de que padece.

Sente-se cansado de viver tanto, e gostaria que a morte lhe sobreviesse, para que, livre, fosse estar com Cristo.

Pois ele sabe muito bem que segurança perfeita e paz completa são coisas impossíveis neste mundo.

13
Resista à tentação

1 Enquanto vivermos neste mundo, não passaremos sem tribulações e tentações.

Conforme está escrito em Jó: "Não é pesado o labor do homem sobre a terra?" (Jó 7.1).

Cada qual, portanto, deve estar atento às tentações, vigiando e orando, para que o diabo não encontre ocasião para enganá-lo, porque ele nunca dorme e está sempre à espreita procurando a quem possa devorar.

Não há homem tão perfeito e santo que não seja por vezes tentado, e das tentações ninguém nunca está livre por completo.

2 Todavia, as tentações são muitas vezes úteis, mesmo que incômodas e pesarosas, porque por elas o homem é humilhado, purificado e instruído.

Todos os santos passaram por muitas tribulações e tentações, e delas se beneficiaram.

Os que não suportaram as tentações foram reprovados e se afastaram.

Não há ordem tão santa, nem lugar tão secreto, onde não haja tentações ou adversidades.

3 Não há homem que esteja totalmente livre das tentações enquanto viver sobre a terra, porque a raiz do mal está dentro de nós. Nascemos inclinados para o mal.

Quando uma tentação ou tribulação se vai, outra vem. Portanto, sempre haverá algo que nos faça sofrer, porque caímos de nossa posição de felicidade.

Muitos buscam fugir das tentações e, no entanto, caem mais deploravelmente ainda nelas.

Não é possível vencê-las apenas fugindo, mas pela paciência e verdadeira humildade nos tornamos mais fortes que todos os nossos inimigos.

4 Pouco adianta quem evita as tentações apenas exteriormente e não as extirpa pela raiz. Sim, porque as tentações em breve voltarão, e será ainda pior que antes.

Aos poucos, com paciência e resignação, e mediante a ajuda de Deus, você vencerá mais facilmente do que com violência e obstinação.

Quando tentado, procure quem o possa aconselhar, e não trate com rispidez alguém que for tentado. Dê-lhe conforto, assim como gostaria que fizessem a você.

5 Todas as tentações começam com a inconstância de espírito e a pouca confiança em Deus.

Porque assim como as ondas balançam o navio sem leme de um lado para o outro, também as tentações atacam de várias maneiras o homem negligente que abandona seu propósito.

O fogo prova o ferro; a tentação, o homem justo.

Muitas vezes, não sabemos do que somos capazes, mas as tentações nos mostram quem somos.

Todavia, é preciso atenção, sobretudo no início das tentações, porque desse modo se vence mais facilmente o inimigo, isto é, se não permitirmos que ele entre pela porta do nosso coração, se resistirmos a ele ainda no portão, à sua primeira batida.

Por isso mesmo alguém disse: "Resista no início, porque depois o remédio vem tarde demais".

Primeiro, vem à mente um simples pensamento; depois, uma forte imaginação; em seguida, prazer, um movimento mau; e, por fim, o consentimento.

Assim, pouco a pouco nosso inimigo maligno obtém entrada total, porque não lhe resistimos no início.

Quanto mais o homem negligencia a necessidade de resistir, tanto mais perverso ele se torna a cada dia, e o inimigo mais forte que ele.

6 Há quem resista a grandes tentações no início da conversão; outros, no final.

Outros, ainda, são grandemente importunados quase a vida toda.

Alguns são facilmente tentados, de acordo com a sabedoria e com a justiça da ordenação divina, que pesa o estado e o valor dos homens e ordena todas as coisas para o bem daqueles a quem escolheu.

7 Portanto, não devemos nos desesperar quando somos tentados, e sim orar com fervor ainda maior a Deus, para que nos ajude em todas as tribulações, porque ele certamente, conforme as palavras de Paulo, "nos providenciará um escape", para que possamos suportar a tentação (1Co 10.13).

Humilhemos, portanto, nossa alma, sob a mão de Deus em todas as tentações e tribulações, porque ele salvará e exaltará o humilde em espírito.

8 As tentações e tribulações provam o homem e mostram quanto ele progrediu. Sua recompensa assim é maior, e as virtudes recebidas se revelam plenamente.

Não é também grande coisa ser o homem devoto e fervoroso em momentos de tranquilidade. Se, contudo, em tempos de adversidade ele se portar com paciência, então há esperança de grande progresso na graça.

Alguns são preservados de grandes tentações, porém nas pequenas tentações do dia a dia são por elas muitas vezes vencidos.

Isso acontece para que, sendo humilhados, jamais imaginem que podem muita coisa, visto que tropeçam em coisas pequenas.

14
Evite julgamentos precipitados

1 Olhe para dentro de si mesmo e tome cuidado para não julgar os atos das outras pessoas. Quando você julga alguém, incorre em uma atitude inútil, quase sempre se engana e dificilmente não peca; mas, quando o homem julga e examina a si mesmo, o resultado é sempre frutífero.

Quase sempre julgamos as coisas conforme imaginamos que sejam, porque o amor-próprio nos priva facilmente do juízo verdadeiro.

Se Deus fosse sempre a intenção pura de nosso desejo, não seríamos transtornados com tanta facilidade, apesar da oposição de nossa mente carnal.

2 Às vezes, porém, alguma coisa nos espreita em nosso interior, ou algo acontece fora de nós que nos atrai.

Muitos, sem o saber, buscam em segredo vantagens para si naquilo que fazem.

Eles parecem viver tranquilamente quando as coisas acontecem de acordo com sua vontade e sua opinião, mas, se alguma coisa contraria seu desejo, no mesmo instante se alteram e ficam bastante irritados.

As diversidades de julgamentos e de opiniões muitas vezes provocam dissensões entre amigos e compatriotas, entre pessoas religiosas e devotas.

3 Hábitos antigos são difíceis de abandonar, e ninguém deseja de boa vontade ir além de seu modo de ver as coisas.

Se você confia mais em sua razão e em suas capacidades do que naquele poder que o conduz à obediência a Jesus Cristo, levará muito tempo até que seja iluminado, porque Deus deseja que estejamos totalmente submissos a ele, de modo que, inflamados por seu amor, transcendamos os limites da razão humana.

15

Obras e caridade

1 Não se deve praticar o mal por coisa alguma deste mundo, nem mesmo por amor a quem quer que seja; contudo, pelo bem de uma pessoa que esteja necessitada, talvez se deva adiar uma boa obra sem maiores escrúpulos, ou optar por outra que seja melhor.

Porque desse modo a boa obra não se perde, mas se torna ainda melhor.

Sem amor, a obra exterior de nada vale, mas tudo o que for feito com amor, ainda que insignificante e desprezível aos olhos do mundo, se torna extremamente frutífero.

Porque para Deus vale mais a medida de amor que o homem põe no que faz, e não quanto ele faz. Faz muito quem muito ama.

2 Faz muito quem faz bem uma coisa qualquer. Age bem aquele que serve à comunidade, e não à sua própria vontade.

Com frequência, o que parece ser amor é obra da carne, porque a inclinação natural, o desejo próprio, a esperança de recompensa e o desejo de seguir nossos interesses dificilmente nos abandonam.

3 Quem tem a verdade e o amor perfeito nada busca para si mesmo, mas em todas as coisas deseja apenas exaltar a glória de Deus.

Essa pessoa não sente inveja, porque não busca o bem pessoal, nem se alegra consigo mesma, mas deseja acima de tudo se alegrar e se sentir feliz em Deus.

Essa pessoa não atribui bem nenhum a outros homens, mas a Deus apenas, fonte da qual provém tudo de bom e em quem, finalmente, todos os santos descansam no mais elevado grau de satisfação.

Quem tiver uma única fagulha que seja do amor verdadeiro com certeza compreenderá que tudo quanto é terreno transborda de vaidade.

16

Aprenda a suportar os defeitos alheios

1 O homem deve suportar com paciência as coisas que não puder consertar em si mesmo ou nos outros, até que Deus as disponha de outra maneira.

Pense que pode ser melhor dessa forma, a fim de provar você e testar sua paciência, porque sem a provação e a paciência todas as nossas boas obras não têm muito valor.

Quando você passar por dificuldades, não deixe de orar para que Deus o ajude a suportá-las de bom ânimo.

2 Se por uma ou duas vezes você advertir alguém, e a pessoa não lhe der ouvidos, não discuta com ela. Leve o caso a Deus, para que se cumpra sua vontade e o nome dele seja honrado em todos os seus servos, porque ele sabe transformar o mal em bem.

Esforce-se para ser paciente com os defeitos e as enfermidades alheias, quaisquer que sejam eles, porque você também tem muitas falhas que os outros têm de suportar.

Se você não consegue ser do jeito que gostaria, como espera que as pessoas sejam do jeito que você gostaria que fossem?

Queremos que as pessoas sejam perfeitas, mas não aperfeiçoamos nossas próprias falhas.

3 Queremos que os outros sejam corrigidos com rigor, mas nós mesmos não nos corrigimos.

A liberdade exagerada dos outros nos incomoda, mas não admitimos que nos neguem nossos desejos.

Queremos que os outros sejam submetidos a leis severas, mas de modo nenhum queremos que alguém restrinja nossa liberdade.

É evidente, portanto, como raramente pesamos nosso próximo na mesma balança em que pesamos a nós mesmos.

Se todos os homens fossem perfeitos, o que teríamos de suportar do nosso próximo por amor a Deus?

4 Mas Deus ordenou que aprendêssemos a "levar os fardos pesados uns dos outros" (Gl 6.2), porque não há ninguém que não cometa erros. Nenhum homem se basta a si mesmo, por isso temos de suportar, consolar, ajudar, instruir e admoestar uns aos outros.

É nas adversidades que descobrimos o tamanho da virtude ou da força que temos.

Não é a ocasião que torna o homem fraco; ela simplesmente revela quem ele é.

17
A VIDA ISOLADA

1 Em muitas coisas você deve aprender a vencer sua vontade própria se quiser ter paz e viver em harmonia com as pessoas.

Não é nada fácil viver em uma comunidade ou congregação religiosa, e ali conversar com as pessoas sem se queixar, e perseverar fielmente nesse meio até a morte.

Bem-aventurada é a pessoa que viveu bem e teve um final feliz.

Se você perseverar na graça, porque é isso que deve fazer, e crescer nela, considere-se uma pessoa exilada e um "peregrino no mundo" (1Pe 2.11).

Sinta-se satisfeito se neste mundo, por amor a Cristo, as pessoas o considerarem tolo porque você tem o desejo de seguir a vida religiosa.

2 O uso do hábito religioso e a tonsura de nada valem. O importante é mudar o jeito de ser e mortificar completamente as paixões, porque isso é que torna o homem religioso de verdade.

Aquele que busca tudo, menos a Deus e a salvação de sua alma, encontrará apenas tribulação e tristeza.

E aquele que não procurar ser o último e estar sujeito a todos não ficará em paz por muito tempo.

3 Que o seu desejo seja servir, e não mandar. Lembre-se de que você foi chamado para sofrer e trabalhar, não para ficar ocioso ou desperdiçar seu tempo conversando.

É aí, portanto, que o homem é provado, como o ouro na fornalha.

É aí que homem nenhum consegue perseverar, a menos que se humilhe de todo o coração por amor a Deus.

18
Exemplos dos santos pais

1 Pense no exemplo admirável que nos deixaram os santos pais, nos quais brilharam a perfeição e a religião verdadeiras, e você verá como é pouco, quase nada, o que fazemos hoje.

Ah, o que é nossa vida se comparada com a deles?

Os santos e amigos de Cristo serviram ao Senhor em meio à fome e à sede, no frio e na nudez, no trabalho e no cansaço, em vigílias e jejuns, em oração e santas meditações, em muitas perseguições e acusações.

2 Quão dolorosas tribulações sofreram os apóstolos, os mártires, os confessores, as virgens e todos os demais que se esforçaram para seguir os passos de Cristo!

Pois "eles odiaram a vida neste mundo", para que pudessem "conservá-la para a vida eterna" (Jo 12.25).

Ah, que vida austera e cheia de renúncias viveram aqueles santos pais no deserto! Por quantas tentações terríveis e sem fim passaram! Tantas vezes foram atacados pelo inimigo! Quantas vezes oraram com fervor a Deus! A quantas abstinências rigorosas se submeteram! Que zelo e que atenção para com seu progresso espiritual! Que duro combate para vencer seus desejos! Quantas intenções puras e elevadas os mantiveram na direção de Deus!

De dia, trabalhavam; à noite, oravam sem cessar. Mas, mesmo quando trabalhavam, não deixavam de orar em sua mente.

3 Passavam o dia todo em atividades úteis; as horas pareciam não bastar para o serviço a Deus.

E devido à imensa doçura que encontravam na contemplação, esqueciam-se de que era preciso refrigério para o corpo.

Renunciavam a todas as riquezas, dignidades, honras, amigos e parentes, nada queriam que pertencesse ao mundo, raramente se preocupavam com as coisas necessárias ao sustento da vida, e sofriam quando tinham de servir às suas necessidades físicas, mesmo quando era preciso.

Eram pobres em bens terrenos, mas ricos em graça e virtudes.

Por fora, não possuíam nada, mas, por dentro, tinham o refrigério da graça e da divina consolação.

4 Eram estranhos ao mundo, mas desfrutavam da amizade íntima e familiar de Deus.

Não davam importância a si mesmos, e o mundo os desprezava, mas eram preciosos e amados aos olhos de Deus.

Estavam alicerçados na humildade verdadeira, viviam em simples obediência, andavam em amor e paciência e, por isso, diariamente eram enriquecidos em espírito e alcançavam grande graça aos olhos de Deus.

Serviam de exemplo a todos os homens religiosos e deveriam nos incitar a buscar a excelência espiritual mais do que os mornos nos incitam à negligência.

5 Ah, quão grande era o fervor das pessoas religiosas no início de seu santo propósito!

Com que devoção se entregavam à oração! Que ambição de superar os demais em virtude! Era rígida a disciplina que florescia então! Com que grande reverência e obediência observavam todas as coisas submissos a seus superiores!

Suas pegadas ainda permanecem, e testemunham que eram, de fato, homens santos e perfeitos que, lutando bravamente, venceram o mundo.

Hoje, para alguém ser considerado grande, basta que não transgrida e que suporte com paciência o encargo que assumiu.

Quanta mornidão e negligência nos dias de hoje! Bem depressa abandonamos nosso antigo fervor e damos lugar à preguiça e à mornidão de espírito que tornam nossa vida enfadonha.

Queira Deus que o desejo de progredir nas virtudes não tenha adormecido em você, que inúmeras vezes viu tantos exemplos de pessoas devotas e religiosas!

19

Exercícios do bom religioso

1 A vida do bom religioso deve ser adornada de todas as virtudes, para que seja interiormente o que aparenta ser externamente.

Com razão deve haver muito mais por dentro do que por fora se percebe. Porque Deus nos observa, e a ele devemos a mais elevada reverência onde quer que estejamos. Andemos, portanto, em pureza, como os anjos, diante dele.

Renovemos diariamente nossos propósitos, instigando-nos a um fervor maior, como se fosse este o primeiro dia de nossa conversão, dizendo:

"Ajuda-me, meu Deus, neste bom propósito e no teu santo serviço. Concede que eu inicie este dia na perfeição, porque o que fiz até hoje não tem valor nenhum".

2 O sucesso de nosso progresso espiritual será conforme nosso propósito. É preciso muito empenho para que se mostre algum progresso.

Se quem muito se empenha tantas vezes falha, o que será daquele que raramente se esforça, ou que revela pouca determinação?

Pode acontecer que, por vários motivos, abandonemos nosso propósito; todavia, a mais leve omissão dos exercícios espirituais raramente se dá sem que cause algum prejuízo à nossa alma.

O propósito do homem justo depende não de sua sabedoria, mas da graça de Deus, em quem sempre confia seja para que obra for.

Porque o homem propõe, mas Deus dispõe, e o caminho do homem não está em si mesmo.

3 Se por vezes omitirmos um exercício a que estamos habituados, seja por motivo de piedade, seja para o bem de um nosso irmão, pode-se facilmente retomá-lo depois.

Mas, se por cansaço, ou mesmo negligência, não fazemos o que deveríamos fazer, ofendemos tremendamente Deus e prejudicamos a nós mesmos. Mesmo quando fazemos o melhor, ainda assim é fácil demais falhar em muitas coisas.

De qualquer modo, devemos sempre ter um curso fixo, sobretudo para evitar as falhas que tanto nos atrapalham.

Examinemos com diligência e coloquemos em ordem o homem exterior e interior, porque ambos são importantes para o progresso de nossa santidade.

4 Se não for possível lembrar-se o tempo todo de fazê-lo, tente ao menos uma vez por dia, de manhã ou à noite.

Pela manhã, defina seu bom propósito; à noite, analise o que você fez, como se comportou em palavras, atos e pensamentos, porque é possível que nessas coisas você tenha ofendido tanto a Deus quanto ao seu próximo.

Esteja preparado para as investidas malignas do diabo, refreie seu apetite desordenado, e assim você estará mais bem preparado para subjugar os desejos incontroláveis da carne.

Nunca fique completamente ocioso; de preferência, procure ler ou escrever alguma coisa, ou então ore, medite, ou procure fazer algo para o bem comum.

Com relação aos exercícios físicos, pratique-os com discrição, porque nem todos devem praticá-los do mesmo modo.

5 Os exercícios particulares não devem ser praticados em público, uma vez que se prestam melhor ao âmbito privado do lar.

Contudo, fique atento para que os exercícios particulares não tomem o lugar dos exercícios comuns. Depois de cumprir de modo pleno e fiel todas as obrigações devidas e as que lhe foram impostas, se sobrar algum tempo, reserve-o para si mesmo e entregue-se à devoção.

Os exercícios espirituais não são iguais para todos; alguns são mais úteis a essa pessoa; outros, àquela.

Quando a ocasião é oportuna, são vários os exercícios possíveis. Alguns são mais propícios aos dias de trabalho; outros, aos dias santos.

Nas tentações, há os que são mais adequados do que outros; em tempos de paz e quietude, os exercícios serão diferentes.

Alguns deles praticamos em momentos de reflexão; outros, quando exultamos no Senhor.

6 Quando se aproximam as grandes celebrações, os bons exercícios devem ser renovados, e as orações dos santos homens suplicadas com maior fervor.

De celebração em celebração, é bom que tomemos algumas resoluções, como se estivéssemos de partida deste mundo, a caminho da celebração eterna no céu.

Portanto, devemos nos preparar muito bem nessas ocasiões santas, vivendo com maior devoção e guardando com mais empenho as coisas que devemos observar, como se em breve fôssemos ao encontro de Deus receber a recompensa pelo nosso trabalho.

7 Mas, se esse momento for adiado, aproveitemos para nos dar conta de que não estamos suficientemente preparados, e de quão indignos somos de tamanha glória que, no tempo devido, será revelada em nós. Esforcemo-nos, assim, para estar bem preparados para o momento da partida.

"Feliz o servo", diz o evangelista Lucas, "a quem o seu senhor encontrar fazendo assim quando voltar. Garanto-lhes que ele o encarregará de todos os seus bens" (Lc 12.43-44).

20

O AMOR À SOLIDÃO E AO SILÊNCIO

1 Reserve um momento oportuno para ficar sozinho e nunca deixe de meditar na generosidade do amor de Deus.

Não perca tempo com textos exóticos; antes, procure ler coisas que, em vez de ocupar a mente, deixem contrito o coração.

Se você se afastar das conversas tolas e da ociosidade, e se recusar a dar ouvidos a novidades e boatos, encontrará bastante tempo para meditar sobre coisas boas.

Os maiores santos, sempre que possível, evitaram a companhia dos homens, preferindo servir a Deus num local retirado.

2 Disse alguém: "Sempre que estive entre os homens, voltei menos homem do que antes".

E isso é verdade; basta passarmos muito tempo juntos para confirmar. É mais fácil não dizer nada do que não dizer mais do que deveríamos.

É mais fácil para o homem ficar em casa do que se manter alerta quando está fora.

Portanto, quem pretende alcançar as coisas mais interiores e espirituais da religião deve, a exemplo de Jesus, evitar as multidões e a pressão das pessoas.

Ninguém aparece em público sem correr riscos, exceto aquele que alegremente permanece em casa, oculto à vista dos outros.

Ninguém se pronuncia com segurança, exceto aquele que se mantém calmo por vontade própria.

Ninguém governa com segurança, exceto aquele que de boa vontade se deixa governar.

Ninguém comanda com segurança, exceto aquele que prontamente aprendeu a obedecer.

3 Ninguém se alegra com segurança, a menos que tenha dentro de si o testemunho de uma boa consciência.

E, no entanto, a segurança dos santos sempre foi plena do temor de Deus.

Nem por isso foram menos cuidadosos e humildes, embora resplandecessem externamente com graça e grandes virtudes.

A segurança dos homens maus tem origem no orgulho e na presunção, mas no fim ela os engana.

Ainda que você pareça ser um bom religioso, ou um eremita piedoso, jamais prometa a si mesmo que terá segurança nesta vida.

4 Muitas vezes, aqueles mais estimados e respeitados entre os homens sucumbiram aos maiores perigos devido ao excesso de autoconfiança.

Desse modo, para muitos mais vale não estar de todo livre das tentações, mas sim ser muitas vezes assaltado por elas, para que não se sintam seguros demais e assim possam ficar orgulhosos ou entregues muito livremente aos confortos mundanos.

Ah, como é importante manter a boa consciência, que nunca busca a alegria transitória, e assim jamais se envolve com as coisas deste mundo!

Ah, que grande paz e sossego tem a pessoa que, lançando fora toda ansiedade vã, pensa apenas nas coisas divinas, que são proveitosas para sua alma, e em Deus coloca toda a sua confiança!

5 Ninguém merece o conforto celeste, a menos que tenha se exercitado diligentemente na santa contrição.

Se você almeja a contrição verdadeira de coração, entre no seu quarto, deixe do lado de fora os tumultos do mundo, conforme está escrito: “Ao deitar-se reflitam nisso” (Sl 4.4). Em seu quarto, você encontrará o que externamente tantas vezes perde.

Quanto mais vezes você se recolher ao seu quarto, tanto mais se sentirá bem; quanto menos o fizer, tanto mais odiará fazê-lo. Se no início de sua conversão você se sentir bem em seu quarto e zelar por ele, o quarto será depois um amigo querido, e grande motivo de conforto.

6 No silêncio e na quietude a alma religiosa progride e aprende os mistérios das Sagradas Escrituras.

Ali a alma encontra rios de lágrimas, com as quais toda noite se lava e se limpa, para que ganhe intimidade com seu Criador quanto mais longe viver das inquietações mundanas.

Aquele, portanto, que se afasta dos conhecidos e amigos, verá que Deus se aproxima dele com seus santos anjos.

É melhor para o homem viver a portas fechadas, zeloso de si mesmo, do que descuidar de sua alma, ainda que pudesse realizar maravilhas no mundo.

É recomendável que o religioso evite sair, que não deseje ver ou ser visto.

7 Por que você deseja tanto ver o que é ilícito possuir? O mundo passa, e sua concupiscência também.

Nossos desejos sensuais nos convidam a passear; mas, passado o momento, o que levamos de volta para casa, senão uma consciência pesada e um coração confuso?

O passeio alegre muitas vezes precede um retorno aflito, e uma noite de diversão, uma manhã triste.

Porque toda alegria carnal chega suavemente, mas no final morde e aferroa até a morte.

O que você vê em outra parte que não consegue ver aqui? Contemple o céu e a terra e todos os elementos, porque a partir dessas coisas todas as outras foram criadas.

8 O que existe debaixo do sol que possa durar?

Você acredita que possa alcançar a satisfação, mas isso é impossível.

Se acaso visse diante de seus olhos tudo quanto existe, que teria para ver, senão vaidade?

Levante os olhos a Deus nas alturas e ore para que ele perdoe seus pecados e suas negligências.

Deixe para os vãos as coisas vãs, e atente para as coisas que Deus lhe ordenou fazer.

Feche a porta depois de entrar e clame o nome de Jesus, seu amado.

Fique com ele em secreto, porque em nenhum outro lugar você encontrará paz igual.

Se você não tivesse saído e ouvido rumores vãos, teria preservado melhor sua paz de espírito. Mas, visto que por vezes você aprecia saber das novidades, não é de estranhar que haja inquietude em seu coração.

21
Coração contrito

1 Se você deseja fazer algum progresso na santidade, mantenha-se no temor a Deus e não queira liberdade excessiva. Refreie seus sentidos pela disciplina e não se entregue à alegria tola.

Conserve o coração contrito, pois melhor devoção não há.

A contrição abre caminho para muitas coisas boas que a devassidão prontamente destrói.

É de admirar que algum homem consiga desfrutar de perfeita alegria nesta vida se devidamente considerar e avaliar sua condição de exilado, bem como os muitos perigos que cercam sua alma.

2 O coração leviano e a desatenção que damos a nossos erros nos tornam insensíveis à aflição real da alma e, por isso, tantas vezes rimos de modo frívolo quando, na verdade, deveríamos estar chorando.

Não existe liberdade verdadeira nem alegria perfeita, senão no temor de Deus aliado a uma boa consciência.

Feliz aquele que se desfaz de todo impedimento que conduz à distração e se dedica ao propósito único da santa contrição.

Feliz aquele que abandona tudo o que possa manchar ou sobrecarregar a consciência.

Resista com bravura: supera-se um hábito com outro hábito.

Se você não se intrometer nos assuntos dos outros, eles também não se intrometerão nos seus.

3 Não se ocupe com os assuntos alheios, e não se envolva com questões próprias dos seus superiores.

Preocupe-se em primeiro lugar com você mesmo e, principalmente, analise e avalie seu comportamento antes de criticar seus amigos queridos.

Se as pessoas nao se importam com você, não se entristeça, mas guarde isto no coração: comporte-se com a cautela e prudência que convêm a um servo de Deus e religioso devoto.

Muitas vezes é melhor, e mais seguro, que o homem não tenha muitas consolações nesta vida, especialmente as que vêm da carne.

Mas se não temos consolação nenhuma, ou se raras vezes a experimentamos, a culpa é nossa, porque não buscamos um coração contrito nem abandonamos totalmente o conforto externo e vão.

4 Saiba que você não merece a consolação divina, e sim grande tribulação.

Para aquele que alcança a contrição perfeita, o mundo inteiro lhe parece doloroso e amargo.

Ao homem bom nunca faltam motivos para que se entristeça e chore.

Porque, se olhar para si mesmo ou para seu próximo, verá que não há quem viva neste mundo sem passar por tribulações.

Quanto mais o homem olha para dentro de si mesmo, mais triste ele fica.

Os pecados e as maldades nos apertam com tanta força que raramente conseguimos contemplar as coisas do céu, o que nos leva a um estado de merecida angústia e contrição interior.

5 Se acaso refletisse mais na morte do que em viver muitos anos, sem dúvida pensaria com mais zelo em melhorar.

Se acaso refletisse também nas dores infernais do outro mundo, creio que suportaria de boa vontade todo trabalho e toda tristeza deste, e não temeria uma maior austeridade.

Mas porque essas coisas não penetram nosso coração, e porque amamos apenas as coisas que nos dão prazer, nossa religião é fria e maçante.

6 Quase sempre é nossa falta de espírito que leva nosso corpo infeliz a reclamar com tamanha facilidade.

Ore, portanto, ao Senhor, e com toda a humildade, para que ele lhe conceda o espírito de contrição. Então diga como o profeta: "Tu o alimentaste com pão de lágrimas e o fizeste beber copos de lágrimas" (Sl 80.5).

22

A infelicidade humana

1 Você sempre será infeliz, quem quer que você seja, ou para onde quer que vá, a menos que se volte para Deus.

Por que se preocupar quando as coisas não acontecem como você gostaria que acontecessem? Será que existe alguém para quem as coisas acontecem conforme o seu desejo? Não é assim comigo, nem com você, nem com nenhum homem sobre a face da terra.

Não há ninguém neste mundo, seja rei ou bispo, que não passe por alguma tribulação ou angústia.

Quem, portanto, vive em melhor situação? Aquele que se dispõe a sofrer por Deus.

2 Muita gente fraca e enferma diz: "Olhem só! Que feliz a vida daquele sujeito! Quão rico e importante ele é, quanto poder e dignidade!".

Mas, se você erguer os olhos para as riquezas do céu, verá que todos os bens desta vida de nada valem. São todos incertos, mais incômodos do que qualquer outra coisa, pois com eles não se vive sem ansiedade e temor.

A felicidade do homem não consiste na plenitude de bens temporais que possui; basta a ele uma porção moderada.

Viver sobre a face da terra é sem dúvida motivo de infelicidade.

Quanto mais espiritual o homem quiser ser, tanto mais amarga será sua vida presente, porque verá com maior clareza e perceberá com maior sensatez os defeitos da corrupção humana.

Porque comer e beber, dormir e ficar acordado, trabalhar e descansar, e estar sujeito a outras necessidades da natureza é, sem dúvida, razão de grande infelicidade e aflição para o homem religioso, que muito se alegraria em se desembaraçar e ser liberto de todo pecado.

3 Porque o homem interior é sobrecarregado demais com essas necessidades físicas enquanto vive neste mundo.

Desse modo, o profeta ora com grande devoção para que seja capaz de se livrar dessas coisas, dizendo: "Liberta-me da minha aflição" (Sl 25.17).

Mas ai daquele que desconhece sua infelicidade! Mais triste ainda é a situação dos que amam esta vida infeliz e corruptível.

Pois há alguns que amam esta vida, embora sem trabalho e sem esmola mal consigam o básico para viver; e, no entanto, se lhes fosse possível viver para sempre aqui, jamais se importariam com o reino de Deus.

4 Que gente insensível, de coração incrédulo, gente de tal modo presa à terra que em nada mais encontra prazer, senão em coisas carnais!

Infelizes que são, porque no final constatarão com tristeza quão vil e sem valor era aquilo que amaram!

Os santos de Deus e todos os amigos devotos de Cristo não davam valor às coisas que agradavam a carne, nem àquelas que prosperavam nesta vida. Pelo contrário, almejavam as riquezas eternas, cheios de esperança e de intenção sincera.

Tudo o que desejavam se elevava para as coisas eternas e invisíveis, de modo que o desejo pelas coisas visíveis não os impulsionava para baixo.

5 Ah, meu irmão, mantenha a confiança de fazer progresso na santidade, pois ainda há tempo, a hora não passou!

Por que adiar dia após dia seu bom propósito? Levante-se agora mesmo e diga: "Agora é hora de agir; agora é hora de me esforçar, é a hora certa de me corrigir".

Quando você estiver atribulado e aflito, é chegada a hora da bênção.

Você passará pelo fogo e pela água antes de chegar ao lugar de descanso.

A menos que você se esforce com zelo, jamais obterá a vitória sobre o pecado.

Enquanto tivermos de carregar este nosso corpo frágil, jamais estaremos sem pecado nem viveremos sem fraquezas e dores.

Bem que gostaríamos de viver tranquilos e livres de toda infelicidade, mas, uma vez que através do pecado nós perdemos a inocência, com ela perdemos também a verdadeira felicidade.

Sejamos pacientes, portanto, e esperemos pela misericórdia de Deus, até que passe a iniquidade e "aquilo que é mortal seja absorvido pela vida" (2Co 5.4).

6 Ah, quão grande é a fragilidade humana, "inteiramente inclinada para o mal" (Gn 8.21)!

Hoje você confessa seus pecados; amanhã, comete exatamente os mesmos pecados que confessou.

Nesse momento decide examinar atentamente seus caminhos; de repente, se dá conta de que se comportou como se nunca tivesse feito decisão nenhuma.

Temos, portanto, bons motivos para nos humilhar, e jamais nos considerar grande coisa, uma vez que somos tão frágeis e inconstantes.

Pois aquilo que, pela graça de Deus, conseguimos depois de muito tempo e trabalho, podemos perder por sermos negligentes.

7 No fim das contas, o que será de nós, que tão cedo esmorecemos!

Ai de nós, se tão depressa nos entregamos à comodidade, como se tudo estivesse em paz e em segurança, quando não há ainda nenhum sinal de verdadeira santidade em nossa conversação!

Precisamos muito, como quem começa a aprender, ser instruídos novamente na vida reta, se quisermos ter alguma esperança de correção futura e maior progresso nas coisas espirituais.

23
Meditações sobre a morte

1 Em pouquíssimo tempo sua vida aqui chegará ao fim; pense no que será de você no outro mundo.

Hoje, o homem está aqui; amanhã, terá desaparecido.

Depois que desaparece, logo é esquecido.

Ah, a estupidez e a dureza do coração humano, que só pensa no presente e não se importa com o futuro!

Organize de tal forma sua vida em todos os seus pensamentos e ações como se fosse morrer hoje.

Se você tivesse uma boa consciência, não temeria tanto a morte.

É melhor evitar os pecados do que fugir da morte.

Se hoje você não está preparado, como poderá estar preparado amanhã?

O amanhã é incerto e, além disso, como você pode estar certo de que estará vivo amanhã?

2 De que nos adianta viver muito se tão pouco nos corrigimos!

Uma vida longa serve apenas para pecarmos mais do que para vivermos melhor!

Ah, se tivéssemos vivido bem pelo menos um dia neste mundo!

Tantas pessoas fazem as contas de quanto tempo faz que se converteram e, no entanto, muitas vezes é escasso o fruto da correção em sua vida.

Se é terrível a morte para alguns, uma vida longa talvez seja ainda mais perigoso.

Feliz é aquele que sempre tem diante de si a hora de sua morte, e todos os dias se prepara para morrer.

Se alguma vez você viu alguém morrer, saiba que um dia será a sua vez.

3 Pela manhã, pense que poderá não estar vivo ao anoitecer.

À noite, não ouse prometer a si mesmo a manhã seguinte.

Por isso, esteja sempre de prontidão, e viva de modo que a morte não o encontre despreparado.

Muitos são pegos de surpresa e morrem subitamente. "Porque o Filho do Homem virá numa hora em que vocês menos esperam" (Mt 24.44).

Quando chegar a última hora, você verá com outros olhos sua vida que passou, e se lamentará profundamente de ter sido tão negligente e desleixado.

4 Ah, como é sábio e feliz aquele que hoje se esforça para ser em vida tal como gostaria de ser encontrado na hora da morte!

Um perfeito desprezo pelo mundo, um desejo fervoroso de se exceder em virtude, o amor à disciplina, a dor do arrependimento, a prontidão para obedecer, a negação de si mesmo e o sofrimento paciente das aflições por amor a Cristo nos darão grande confiança de que morreremos alegres.

Enquanto existir saúde, é possível realizar muita coisa boa; mas, quando chega a doença, não há nada que se possa fazer.

Poucos são os que melhoram e se reformam com a doença; da mesma forma, raramente os que vagueiam em muitas andanças se tornam santos.

5 Não confie a amigos e parentes o bem-estar de sua alma, nem deixe isso para depois, porque os homens se esquecerão de você mais depressa do que imagina.

É melhor cuidar disso sem demora, e fazer o bem quanto antes, em vez de confiar na ajuda de outros homens.

Se você não cuidar de si mesmo agora, quem cuidará de você adiante?

O dia de hoje é muito precioso; "agora é o tempo favorável, agora é o dia da salvação!" (2Co 6.2).

Infelizmente, você desperdiça seu tempo aqui com coisas inúteis, quando deveria se preocupar em viver eternamente no porvir.

Virá um tempo em que você desejará um dia ou uma hora para se corrigir, mas será que haverá tempo para isso?

6 Ó amado, grandes são os perigos e imenso é o temor dos quais você tem de se livrar! Quem dera você temesse a morte e jamais se esquecesse dela!

Trabalhe agora para viver de modo que, na hora da morte, você se alegre, em vez de temer.

Aprenda agora a morrer para o mundo, para que possa começar a viver em Cristo.

Aprenda agora a desprezar as coisas terrenas, para que possa viver livremente com Cristo.

Castigue agora o corpo pela penitência, para que possa ter confiança inabalável.

7 Ah, que tolice a sua! Quem disse que você pode ter uma vida longa quando, na verdade, não pode prometer a si mesmo nem sequer um dia a mais?

Quantos não foram enganados e, de repente, se foram!

Quantas vezes você já não ouviu isso: um homem foi assassinado, outro morreu afogado, um terceiro quebrou o pescoço ao cair de um lugar alto, outro morreu enquanto comia, e aquele enquanto se divertia?

Houve um que morreu consumido pelo fogo, outro pela espada, esse pela peste e aquele outro foi morto por bandidos. Pois a morte é o fim de tudo, e a vida do homem "vai-se como a sombra passageira" (Jó 14.2).

8 Quem se lembrará de você depois de sua morte? Quem há de orar por você?

Faça agora, meu querido, sim, agora, tudo o que for capaz de fazer, porque você não sabe a hora de sua morte nem o que vai lhe acontecer depois dela.

Agora, enquanto há tempo, "acumule para você tesouros nos céus" (Mt 6.20).

Não pense em nada além da salvação de sua alma, não se importe com nada mais, exceto com as coisas de Deus.

Faça amigos honrando os santos de Deus e imitando suas ações, para que, quando você se for desta vida breve, "eles o recebam nas moradas eternas" (Lc 16.9).

Viva neste mundo como se você fosse "um estranho, um peregrino" (1Pe 2.11), como alguém que não se importa com as coisas terrenas.

Mantenha o coração livre e elevado a Deus, "pois você não tem aqui nenhuma cidade permanente" (Hb 13.14).

Com lágrimas envie ao céu suas orações e gemidos diários, para que depois da morte seu espírito se encontre digno de grande alegria ao passar para o Senhor. Amém.

24
Julgamento e punição dos pecadores

1 Em todas as coisas, tenha sempre em vista o mesmo objetivo, e pense de que modo você se apresentará diante do Juiz severo, de quem coisa nenhuma se pode esconder, que não se deixa aplacar com presentes nem aceita desculpas, mas que julgará de acordo com o que é certo e justo.

Ó pecador miserável e tolo, que teme às vezes o semblante do homem irado, que resposta dará a Deus, que conhece todas as suas maldades?

Por que você não se prepara para aquele grande dia do julgamento, quando nenhum homem poderá se desculpar ou responder por outro, em que todos terão muito o que responder por si mesmos?

Hoje seu sofrimento tem serventia, as lágrimas são aceitáveis, os gemidos são ouvidos, sua tristeza acalma a Deus e purifica sua alma.

2 O purgatório do homem paciente é magnífico e benéfico, e, embora seja ofendido, entristece-se mais por causa da malícia de outro do que por seu próprio erro; ora de boa vontade por seus inimigos e, de coração, perdoa suas ofensas; não demora a pedir o perdão a quem porventura tenha ofendido; passa mais depressa à compaixão do que à ira; entrega-se com frequência à violência santa contra si mesmo, e esforça-se para que o corpo seja totalmente submetido ao espírito.

É melhor nos purificarmos de nossos pecados e cortar aqui os vícios do que conservá-los e receber no porvir o castigo.

Realmente nos deixamos iludir pelo amor desordenado à carne.

3 Do que se alimenta aquele fogo infernal, senão de seus pecados?

Quanto mais você se poupa agora e segue a carne, tanto maior será no porvir o seu castigo, e tanto mais combustível acumula para o fogo.

Naquilo em que o homem tiver pecado, mais severamente punido ele será.

Ali o preguiçoso será despertado de sua preguiça por um aguilhão incandescente, e os glutões serão atormentados com fome e sede.

Ali os que sucumbiram à luxúria e os amantes dos prazeres serão banhados em piche ardente e no enxofre fétido, e os invejosos, como cães enlouquecidos, uivarão de dor tremenda.

4 Não haverá pecado que não receba o castigo devido.

Ali os orgulhosos serão tomados de confusão, e os ambiciosos serão oprimidos por uma pobreza deprimente.

Uma hora de dor ali será mais terrível do que mil anos da penitência mais severa aqui!

Não haverá ali nenhuma tranquilidade ou conforto para os amaldiçoados, enquanto aqui temos alguma trégua em meio aos nossos trabalhos e desfrutamos da companhia dos amigos.

Preocupe-se e entristeça-se hoje com seus pecados, para que no dia do julgamento você possa estar seguro ao lado dos abençoados.

"De pé, porém, estará o justo, em segurança, na presença dos que o oprimiram e dos que desprezaram seus sofrimentos" (Sb 5.1, BJ).

Então aquele que hoje se submete humildemente ao julgamento dos homens se levantará e os julgará.

Então o pobre e o humilde terão grande confiança, mas o orgulhoso será tomado de temor por toda parte.

5 Então todos verão que era sábio neste mundo aquele que aprendeu, por Cristo, a ser tolo e desprezado.

Então toda aflição pacientemente suportada será motivo de regozijo quando "os perversos se calarem" (Sl 107.42).

Então o devoto se alegrará, mas o profano se lamentará.

Então naquele dia se alegrará mais o que tiver subjugado a carne do que aquele que teve fartura de prazeres e alegrias.

Então as roupas do pobre brilharão gloriosamente, enquanto as vestes de alto valor parecerão vis e desprezíveis.

Então a casa humilde será mais louvada do que o palácio dourado.

Então a paciência constante nos satisfará mais do que todo poder terreno.

Então a simples obediência será exaltada acima de toda a sabedoria do mundo.

6 Então uma consciência boa e limpa dará mais alegria ao homem do que o conhecimento profundo da filosofia.

Então o desprezo às riquezas valerá mais do que todos os tesouros do mundo.

Então você perceberá que seu conforto será maior por ter orado piedosamente do que por ter desfrutado de incontáveis banquetes.

Então você ficará feliz por ter guardado silêncio e não ter falado demais.

Então as boas obras valerão mais do que as palavras eloquentes.

Então a vida austera e o arrependimento severo darão mais prazer do que todas as delícias terrenas.

Acostume-se agora a sofrer um pouco, para que depois você se livre de sofrimentos ainda maiores.

Prove primeiro aqui o que você não pode suportar para sempre.

Se hoje você não consegue suportar tão pouco, como suportará então os tormentos eternos?

Se as poucas dores de hoje lhe causam tanta impaciência, como será quando tiver de suportar o fogo do inferno?

Esteja certo de que não é possível que haja dois paraísos. É impossível desfrutar das delícias deste mundo e, depois, reinar com Cristo.

7 Imagine que até hoje você viveu no meio de honras e delícias; de que adiantaria tudo isso se você morresse agora?

Porque tudo é vaidade, exceto amar a Deus e servir tão somente a ele.

Pois quem ama a Deus de todo o coração não teme a morte, nem o castigo, nem o julgamento ou o inferno, porque o amor perfeito garante o acesso a Deus.

Não é de admirar, porém, que quem se delicia no pecado tenha medo da morte e do julgamento.

É bom que pelo menos o temor do inferno o contenha, porque o amor não o pode impedir de pecar.

Mas aquele que põe de lado o temor de Deus não pode de modo nenhum persistir em bom estado e bem depressa cai nas garras do diabo.

25

Cuide de corrigir totalmente a vida

1 Seja vigilante e diligente no serviço a Deus, e reflita com atenção sobre o motivo pelo qual você deixou o mundo: acaso não foi para viver por Deus e se tornar uma pessoa espiritual?

Siga adiante com fervor, porque em breve você receberá a recompensa pelos seus esforços. Não haverá temor ou tristeza à sua volta.

Trabalhe um pouco agora para que você encontre grande descanso, sim, alegria perpétua.

Se você permanecer fiel e zeloso na prática do bem, sem dúvida Deus será fiel e generoso em recompensá-lo.

Cultive com firmeza a esperança da vitória; contudo, não se sinta garantido, para que você não se torne negligente ou orgulhoso.

2 Quando um homem oprimido pela tristeza, que andava com a mente intranquila, sempre hesitando entre o medo e a esperança, prostrou-se humildemente na igreja diante do altar em oração e disse para si mesmo "Ah, se eu soubesse que devia perseverar!", ouviu de Deus a resposta: "Se você soubesse, o que teria feito? Faça agora o que você teria feito então, e estará seguro".

Consolado e fortalecido com essas palavras, ele se entregou totalmente à vontade de Deus, e a ansiedade que o atormentava desapareceu.

Não permitiu mais que a curiosidade o instigasse a seguir indagando o que haveria de lhe acontecer; pelo contrário, esforçou-se para compreender qual era "a boa, perfeita e agradável vontade de Deus" para o início e o final de toda boa obra (Rm 12.2).

3 "Confie no Senhor e faça o bem", disse o profeta, "assim você habitará na terra e desfrutará de segurança" (Sl 37.3).

Existe algo que afasta muitos do progresso espiritual e do aperfeiçoamento ardoroso da vida, isto é, o medo extremo da dificuldade ou do labor da batalha.

Mais do que outros, porém, eles se aperfeiçoam na virtude, esforçando-se ao máximo para vencer coisas terríveis e que lhes são contrárias.

Porque o homem se aperfeiçoa mais e obtém maior graça naquilo que mais vence em si mesmo e mortifica no espírito.

4 Mas aquilo que deve ser vencido e mortificado difere de um homem para o outro.

De qualquer modo, aquele que for diligente, embora tenha mais paixões, ganhará mais em virtude do que aquele de disposição moderada, se for menos ardoroso na busca de virtude.

Duas coisas contribuem de maneira especial em nosso aperfeiçoamento: o afastamento radical daquilo para que nossa natureza viciosamente se inclina, e o trabalho árduo por aquela virtude que mais desejamos.

Esteja atento para evitar com grande diligência aquelas coisas em si mesmo que normalmente você não gosta nos outros.

5 Procure sempre o bem-estar de sua alma onde quer que você esteja, para que, se você vir ou ouvir algum bom exemplo, anime-se a imitá-lo.

Mas, se você vir algo que seja digno de condenação, cuidado para não fazer o mesmo. E se, em algum momento, você tiver feito o mesmo, procure se corrigir bem depressa.

Pois assim como você observa os outros, também eles o observam.

Ah, como é doce e agradável ver irmãos fervorosos e devotos, de boas maneiras e disciplinados!

Por outro lado, como é triste e doloroso vê-los viver de maneira dissoluta e desordeira, deixando de se dedicar àquilo para o que foram chamados!

Como é doloroso quando negligenciam os bons propósitos de sua vocação e se ocupam com o que não deviam se ocupar!

6 Esteja atento à profissão de fé que você fez, e tenha sempre diante dos olhos de sua alma a lembrança do Salvador crucificado.

Você tem muito do que se envergonhar ao contemplar a vida de Jesus Cristo, visto que ainda não se esforçou para conformar mais sua vida à dele, embora caminhe há tanto tempo com Deus.

Uma pessoa religiosa que se exercite com seriedade e devoção na vida e na Paixão santíssima de nosso Senhor encontrará ali ricamente o que há de necessário e proveitoso para ela, e não terá de procurar algo que seja melhor do que Jesus.

Ah, se o Jesus crucificado viesse ao nosso coração, com que rapidez e abrangência seríamos instruídos em toda a verdade!

7 Uma pessoa religiosa e cheia de fervor suporta bem tudo o que se pede dela.

Mas ao negligente e frio sobrevém tribulação após tribulação, e por todo lado é afligido, porque não tem conforto dentro de si, e não lhe é permitido buscar conforto externo.

Uma pessoa religiosa que não vive de acordo com a disciplina está vulnerável a um grande prejuízo e à própria ruína de sua alma.

Quem busca liberdade e tranquilidade viverá sempre angustiado, porque sempre haverá uma ou outra coisa que lhe desagrade.

8 Que bom seria se não tivéssemos nada mais para fazer, e com a boca, e de todo o coração, louvássemos ao nosso Senhor Deus!

Que bom seria se você não precisasse mais comer, nem beber, nem dormir, louvando sempre ao Senhor, dedicando-se exclusivamente aos exercícios espirituais! Desse modo você seria muito mais feliz do que é agora, visto que tantas necessidades o obrigam a servir à carne!

Quisera Deus não existissem tais necessidades, mas apenas reflexões espirituais da alma, das quais, infelizmente, provamos tão pouco!

9 Quando alguém chega a esse estado em que não busca mais o conforto de criatura nenhuma, nesse momento começa a desfrutar perfeitamente de Deus. Então se sentirá satisfeito com qualquer coisa que lhe sobrevenha neste mundo.

Então não se regozijará com grandes coisas, nem se entristecerá pelas pequenas, entregando-se inteiramente e confiantemente a Deus, que lhe será tudo em tudo, para quem nada perece ou morre, mas por quem todas as coisas vivem e sem demora o servem.

10 Lembre-se sempre de seu fim, e como o tempo perdido não volta mais. Sem cuidado e diligência, você jamais crescerá em virtude.

Se você começar a esfriar, tal condição só lhe fará mal.

Todavia, se você se entregar com fervor de espírito, encontrará muita paz e sentirá menos cansaço, graças à assistência da graça de Deus e ao amor à virtude.

O fervoroso e diligente estará preparado para todas as coisas.

É mais difícil resistir aos vícios e às paixões do que executar trabalhos braçais.

Aquele que não evita as pequenas faltas, cairá aos poucos em faltas maiores.

À noite, você estará sempre alegre se tiver aproveitado bem o dia.

Preste atenção no que faz, não desanime, esteja alerta, e aconteça o que acontecer aos outros, não descuide de si mesmo.

Quanto maior for a violência santa que você empregar contra si mesmo, tanto maior será seu progresso espiritual. Amém.

Livro 2

CONSELHOS PARA A VIDA INTERIOR

1
A VIDA INTERIOR

1 "O Reino de Deus está entre vocês", disse o Senhor (Lc 17.21). Volte-se para o Senhor com todo o seu coração e abandone este mundo desprezível, e sua alma encontrará descanso.

Aprenda a desprezar as coisas exteriores, entregue-se às coisas interiores e ali encontrará o reino de Deus.

"Pois o Reino de Deus é paz e alegria no Espírito Santo" (Rm 14.17), que não se concede aos ímpios.

Cristo virá a você e lhe dará suas consolações se você preparar em seu interior uma mansão para ele.

Toda a sua beleza e glória vêm de dentro, e ali está seu prazer.

Ele sempre visita o homem interior, e com este mantém um terno diálogo, agradável conforto, excessiva paz e maravilhosa intimidade.

2 Ó alma fiel, prepare o coração para esse noivo, para que ele se comprometa a vir e fazer morada em você!

Assim ele diz: "Se alguém me ama, obedecerá à minha palavra. Meu Pai o amará, nós viremos a ele e faremos morada nele" (Jo 14.23).

Dê, portanto, lugar a Cristo, e não permita que nenhum outro entre.

Se você tem a Cristo, rico você é, e tem o suficiente. Será ele quem o ajudará com sua fidelidade e providência em todas as coisas, de modo que você não precisará confiar no homem.

Porque os homens mudam depressa, e não demoram a falhar; mas "Cristo permanecerá para sempre" (Jo 12.34) e se manterá firme ao nosso lado até o fim.

3 Não se pode confiar muito no homem frágil e mortal, mesmo que ele seja favorável a nós e o queiramos bem. Não devemos nos entristecer excessivamente se, por vezes, ele cruzar nosso caminho e nos contrariar.

Aqueles que hoje estão ao seu lado se voltarão contra você amanhã, pois muitas vezes mudam de direção como o vento.

"Lance sobre o Senhor toda a sua ansiedade" (1Pe 5.7), e seja ele seu amor e seu temor; ele lhe responderá e fará o que for melhor para você.

"Você não tem aqui nenhuma cidade permanente" (Hb 13.14), e onde você estiver, será "um estranho e peregrino" (1Pe 2.11). Também não encontrará descanso, a menos que se una interiormente a Cristo.

4 Se este não é seu lugar de descanso, o que você procura aqui? "A nossa cidade, porém, está nos céus" (Fp 3.20), por isso todas as coisas terrenas devem ser vistas como se fossem passageiras.

"Tudo isso passa" (Sb 5.9, BJ), e você também passará.

Cuidado para não se agarrar às coisas que passam, para que não seja pego e venha a perecer. Conduza seus pensamentos ao Altíssimo, e sem cessar dirija a Cristo sua oração de misericórdia.

Se você não pode contemplar as coisas celestiais e elevadas, descanse na Paixão de Cristo e contemple de bom grado suas santas feridas.

Se você se refugiar piedosamente nas feridas e nas marcas preciosas do Senhor Jesus, terá imenso conforto na tribulação e não se importará em demasia com o desprezo dos homens, e facilmente suportará palavras de difamação.

5 Cristo também passou por este mundo, foi desprezado pelos homens, sofreu extrema necessidade e, em meio a calúnias, foi abandonado por conhecidos e amigos.

Cristo estava disposto a sofrer e a ser desprezado; por que você ainda se queixa de alguém?

Cristo tinha adversários e enfrentou difamadores, e você ainda quer que todos os homens sejam seus amigos e benfeitores?

Como é possível que sua paciência seja coroada se nenhuma adversidade lhe sobrevém?

Se você não quer passar por nenhuma adversidade, como poderá ser amigo de Cristo?

Sofra com Cristo, e por Cristo, se quiser reinar com ele.

6 Se você já tivesse entrado inteiramente na vida interior do Senhor Jesus e provado um pouco de seu amor fervoroso, não pensaria em suas próprias conveniências ou inconveniências; pelo contrário, se regozijaria com as calúnias lançadas contra você, porque o amor a Jesus faz que o homem despreze a si mesmo.

Quem ama a Jesus e à verdade, se for realmente cristão no interior, livre de afeições desordenadas, pode livremente se voltar para Deus, erguendo-se acima de si mesmo em espírito, e com alegria descansar.

7 Quem julga todas as coisas tais como são, e não como se diz ou estima-se que sejam, é verdadeiramente sábio, e o que ele sabe vem de Deus, e não dos homens.

Quem vive dentro de si mesmo, e dá pouco valor às coisas externas, não precisa de lugares nem de épocas para realizar os exercícios religiosos.

O homem espiritual depressa se recolhe a si mesmo, porque nunca se entrega completamente às coisas externas.

Não o impede o trabalho nem as atividades que no momento tenha de executar; como as coisas são, assim ele se acomoda a elas.

Quem for bem organizado e disposto em seu interior não se importa com o comportamento estranho e perverso dos homens.

O homem é impedido e distraído na medida em que atrai para si as coisas externas.

8 Se tudo lhe fosse bem, e você estivesse purificado do pecado, tudo lhe terminaria bem, contribuindo para seu progresso.

Mas são muitas as coisas que o desagradam e, não raro, o preocupam, porque você ainda não está perfeitamente morto para elas nem se afastou das coisas terrenas.

Nada macula e embaraça o coração do homem mais do que o amor impuro pelas criaturas.

Se você recusar o conforto externo, poderá contemplar as coisas do céu, e com isso desfrutará de alegria interior.

2
Humilde submissão

1 Não perca tempo pensando quem é a seu favor e quem é contra você, mas preocupe-se consigo mesmo e que Deus esteja com você em tudo quanto fizer.

Tenha boa consciência, e Deus o defenderá.

A quem Deus ajuda, a perversidade de homem nenhum será capaz de ferir.

Se você souber ficar em silêncio e sofrer, sem dúvida verá que o Senhor o ajudará.

Ele sabe a hora e a maneira de salvá-lo; submeta-se, portanto, a ele.

O propósito de Deus é ajudar e livrar de toda confusão.

É sempre muito proveitoso manter-se mais humilde, para que outros conheçam e repreendam suas falhas.

2 Quando um homem se humilha pelos erros que cometeu, facilmente acalma os outros e depressa satisfaz aqueles que se iram contra ele.

Deus protege o humilde e o livra; ele ama e conforta o humilde, a ele inclina sua cabeça, ao humilde ele dá grande graça e, depois da humilhação, eleva-o a grande glória.

Ao humilde ele revela seus segredos, e com ternura se aproxima dele e o convida a estar em sua presença.

O humilde, quando repreendido, ainda assim permanece em paz, porque descansa em Deus, e não no mundo.

Não pense que você tenha feito algum progresso, a menos que se sinta inferior aos demais.

3
Um homem bom e de paz

1 Em primeiro lugar, esteja em paz consigo mesmo; só depois poderá levar a paz a outros.

O homem de paz promove mais o bem do que o homem instruído.

O homem movido pela paixão até o bem transforma em mal, e facilmente crê no mal.

Um homem de paz tudo converte em bem.

Aquele que está em paz não dá margem a suspeitas. O que vive descontente e com problemas é abalado por diversas suspeitas, não tem paz consigo mesmo e não suporta ver outros em paz.

Sempre diz o que não deve dizer, e omite o que seria melhor fazer.

Preocupa-se com o que os outros devem fazer, e não faz o que deve.

Em primeiro lugar, portanto, preocupe-se muito consigo mesmo; somente então estará justificado seu zelo pelo bem do próximo.

2 Você sabe bem como se justificar e encobrir seus atos, mas não está disposto a acolher as justificativas alheias.

Seria mais justo que você se acusasse e justificasse seu irmão.

Se você deseja que os outros o suportem, aprenda a suportá-los.

Veja quão longe você está da caridade e da humildade verdadeiras, que não se indispõem com ninguém nem se indignam com quem quer que seja, exceto consigo mesmas.

Não é nada demais conviver com gente decente e agradável, porque não há quem não goste disso. Todo mundo de bom grado quer desfrutar de paz, e ama muito mais aqueles cujas opiniões são iguais.

Todavia, viver em paz com gente dura e perversa, ou indisciplinada, com pessoas que nos contrariam, é uma graça muito grande, recomendável e corajosa.

3 Há pessoas que vivem em paz e que estão em paz com outras.

E há pessoas que não vivem em paz consigo mesmas e não suportam que outros vivam em paz. Dão trabalho a outros, mas principalmente a si mesmas.

Há também pessoas que vivem em paz e procuram um meio de levar a paz a outros.

Mas a paz que temos nesta vida infeliz consiste no sofrimento humilde, e não em experimentar adversidades.

Quem sabe explicar bem como sofrer saberá melhor do que outros viver em paz. Esse homem conquistou a si mesmo, é senhor do mundo, amigo de Cristo e herdeiro do céu.

4
Mente pura e intenção simples

1 Com duas asas o homem se eleva acima das coisas terrenas: a simplicidade e a pureza.

A simplicidade deve estar presente em nossa intenção, e a pureza, em nossa afeição. A simplicidade nos aproxima de Deus, enquanto a pureza nos permite apreendê-lo e experimentá-lo.

Nenhuma boa ação lhe será difícil se, em seu interior, você estiver livre de afeições desordenadas.

Se você estiver disposto a nada mais procurar senão a vontade de Deus e o bem do próximo, desfrutará de plena liberdade interna.

Se seu coração for sincero e correto, toda criatura será para você um espelho de vida e um livro de doutrina santa.

Não há criatura tão pequena e abjeta que não reflita a bondade de Deus.

2 Se você fosse bom e puro por dentro, seria capaz de ver e entender bem todas as coisas sem impedimento nenhum.

Um coração puro penetra o céu e o inferno.

Cada um julgará exteriormente conforme seu interior.

Se há alegria no mundo, certamente o homem de coração puro a possui.

Se há em algum lugar tribulação e ansiedade, ninguém as conhece melhor do que uma má consciência.

O ferro lançado ao fogo perde a ferrugem e se converte num vermelho-vivo abrasador; aquele que se volta totalmente para Deus põe de lado a preguiça e se converte num novo homem.

3 Quando o homem começa a esmorecer, passa a temer os menores trabalhos e deseja receber o conforto externo.

Mas, quando começa a vencer completamente a si mesmo e a andar sem medo no caminho de Deus, passa a considerar leves as coisas que antes lhe pareciam pesadas.

5
Consideração sobre si mesmo

1 Não podemos confiar muito em nós mesmos, porque muitas vezes nos faltam graça e entendimento.

Em nós há pouca luz, e a que temos depressa perdemos por causa de nossa negligência.

É comum não percebermos nossa cegueira interna.

Muitas vezes praticamos o mal, e pioramos mais as coisas nos desculpando.

Somos, não raro, movidos pela paixão, e a tomamos por zelo.

Repreendemos coisas insignificantes nos outros, e deixamos passar coisas muito piores em nós.

Bem depressa sentimos e avaliamos o que sofremos nas mãos de outros, mas não nos importamos com o que os outros sofrem por nossa culpa.

Quem age corretamente, e pensa com seriedade no que faz, pouco motivo terá para julgar com rigor o próximo.

2 O cristão interior prefere cuidar primeiro de si mesmo antes de pensar em qualquer outro tipo de cuidado. Quem cuida de si mesmo com diligência pouco fala dos outros.

Você jamais será muito piedoso internamente, a menos que relegue ao silêncio os assuntos dos homens, preocupando-se sobretudo consigo mesmo.

Se você se preocupar unicamente com Deus e consigo mesmo, pouco será afetado pelo que se passa no exterior.

Onde você está quando não está consigo mesmo? E depois de atentar para tantas coisas, que proveito terá tirado se de si se descuidou?

Se quiser ter paz de espírito e verdadeira unidade de propósito, coloque de lado tudo o mais e examine-se a si mesmo.

3 É assim que você fará progresso: mantendo-se livre de todo cuidado temporal.

Grande será sua queda se você achar que existe algum valor nas coisas temporais.

Não permita que nada lhe pareça grandioso ou agradável, não considere aceitável coisa alguma, exceto Deus, ou o que for de Deus.

Considere inútil todo conforto recebido de qualquer criatura.

A alma que ama a Deus despreza todas as coisas inferiores a Deus.

Somente Deus é eterno, e de grandeza infinita preenche todas as criaturas; ele é a consolação da alma e a verdadeira alegria do coração.

6

A ALEGRIA DE UMA BOA CONSCIÊNCIA

1 A glória do homem bom é o testemunho de uma boa consciência.

Se sua consciência for boa, você sempre será alegre.

Uma boa consciência é capaz de suportar muita coisa, e não perde a alegria mesmo no meio da adversidade.

Uma consciência ruim é sempre temerosa e inquieta.

Você terá doce sossego se seu coração não o condenar.

Alegre-se apenas quando tiver feito o bem.

O pecador jamais tem alegria verdadeira nem paz interior, porque "para os ímpios não há paz", diz o Senhor (Is 57.21).

Se disserem "Estamos em paz, mal nenhum nos sobrevirá; quem ousará nos ferir?", não acredite, porque de repente a ira de Deus se levantará, suas obras serão destruídas e seus pensamentos perecerão.

2 Gloriar-se na tribulação não é coisa difícil para aquele que ama, porque gloriar-se assim é gloriar-se na cruz do Senhor.

Breve é a glória que os homens dão e recebem.

A tristeza é companheira da glória do mundo.

A glória do homem bom é sua consciência, e não o louvor dos homens. A alegria do justo é a alegria de Deus e em Deus. Ele se regozija com a verdade.

Quem deseja a glória verdadeira e eterna não se importa com o que é temporal.

Quem busca a glória temporal, ou não a despreza em seu coração, mostra que pouco ama a glória do céu.

Tem grande tranquilidade de espírito aquele que não se importa com os louvores dos homens.

3 Facilmente se satisfaz e se acalma o homem que tem a consciência pura.

Você não é mais santo, embora muitos o louvem; não tem menos valor, embora não seja louvado.

Você é o que é; não se pode dizer que você seja maior do que é aos olhos de Deus.

Se você parar para pensar no que é, não se importará com o que dizem os homens.

"O homem vê a aparência, mas Deus vê o coração" (1Sm 16.7). O homem vê as obras, mas Deus mede as intenções.

A alma humilde é aquela que sempre faz o bem e não estima a si mesma.

Sinal de grande pureza e de confiança interior é não buscar conforto em nenhuma criatura.

4 Aquele que não busca em outros testemunho a respeito de si mesmo mostra que realmente entregou-se por inteiro a Deus.

"Pois não é aprovado quem a si mesmo se recomenda", diz Paulo, "mas aquele a quem o Senhor recomenda" (2Co 10.18).

Andar interiormente com Deus, livre de toda afeição externa, torna o homem espiritual.

7

Ame a Cristo sobre todas as coisas

1 Bem-aventurado é aquele que entende o que significa amar a Jesus e desprezar a si mesmo por amor a Cristo.

Você deve deixar para trás tudo o que ama por amor a seu Amado, porque Jesus deve ser amado acima de todas as coisas.

O amor às coisas criadas é enganoso e inconstante; o amor a Jesus é fiel e duradouro.

Quem se apega às criaturas perecerá com elas, porque são frágeis, mas aquele que abraça Jesus permanecerá firme com ele para sempre.

Ame-o e seja sempre seu amigo, porque, quando todos o abandonarem, ele não o abandonará nem permitirá que você venha a perecer.

Um dia, não haverá mais ninguém ao seu lado, quer você queira, quer não.

2 Esteja sempre perto de Jesus na vida ou na morte e entregue-se a seus cuidados, porque, quando tudo falhar, só ele poderá ajudá-lo.

A natureza do seu Amado é tal que ele não admite rivalidade; ele quer só para si seu coração para nele reinar como o rei em seu trono.

Se você se libertasse totalmente de todas as criaturas, Jesus de bom grado moraria em seu coração.

Tudo quanto você confiar ao homem, e não a Jesus, de nada lhe adiantará.

Não confie no caniço soprado pelo vento, porque "toda a humanidade é como a relva que murcha, e toda a sua glória como as flores do campo que caem" (Is 40.6-7).

3 Bem depressa você se iludirá se atentar apenas para a aparência do homem.

Se você procura nele conforto e proveito, verá que nada disso encontrará.

Se buscar a Jesus em todas as coisas, certamente o encontrará.

Se, contudo, você procurar a si mesmo, também a si encontrará, mas para sua própria infelicidade.

Porque sempre que deixa de procurar Jesus o homem causa mais dano a si mesmo do que o mundo todo e todos os seus adversários.

8

Conversa íntima com Jesus

1 Quando Jesus está presente, tudo vai bem, nada parece difícil; mas, quando ele está ausente, tudo se complica.

Quando Jesus não fala ao nosso interior, nenhum conforto satisfaz; se, contudo, ele diz uma única palavra, é grande nossa consolação.

Maria Madalena não se levantou imediatamente daquele lugar onde chorava quando Marta lhe disse: "O Mestre está aqui e está chamando você" (Jo 11.28)?

Que momento bendito quando Jesus chama das lágrimas para a alegria espiritual!

Quão árida e difícil é a vida sem Jesus! Todo desejo que exclui Jesus é tolo e vão!

Não há nada pior que perder Jesus, porque perder o mundo inteiro não se compara a perdê-lo.

2 De que adianta o mundo sem Jesus?

Viver sem Jesus é viver no inferno; estar com Jesus é experimentar as doçuras do paraíso.

Com Jesus ao seu lado, inimigo nenhum poderá feri-lo.

Quem encontra Jesus, encontra um grande tesouro; sim, um bem acima de todos os bens.

Quem perde Jesus, perde muita coisa; sim, mais que o mundo todo!

Paupérrimo é quem vive sem Jesus, e riquíssimo é quem se dá bem com ele.

3 Saber conversar com Jesus é uma arte, e conservá-la exige grande sabedoria.

Se for humilde e pacífico, Jesus estará com você.

Piedade e mansidão farão que ele esteja sempre ao seu lado.

O fascínio das coisas exteriores pode afastá-lo de Jesus e privá-lo de seu favor.

Se você se afastar dele, se o perder, a quem recorrerá e a quem buscará para ser seu amigo?

Sem um amigo é impossível viver bem, e se a amizade de Jesus não for seu bem mais precioso, sua vida será de tristeza e desolação.

Portanto, não seja tolo, não confie nem se alegre em nenhum outro.

É preferível lutar contra o mundo inteiro a entristecer Jesus.

De todas as pessoas a quem queremos bem, seja Jesus a mais amada de todas.

4 Ame a todos por amor a Jesus; ame a Jesus pelo que ele é. Somente Jesus Cristo merece, de fato, nosso amor, porque não há amigo que seja bom e fiel como ele.

Por ele, e nele, queira bem seus amigos e inimigos; ore por eles, para que venham a conhecê-lo e amá-lo.

Não queira ser elogiado ou amado de maneira especial, porque isso cabe apenas a Deus, que é incomparável.

Não queira também estar num lugar especial no coração das pessoas, nem coloque alguém em posição privilegiada dentro do seu. Deixe que Jesus ocupe esse lugar em seu coração e no coração de todo homem de bem.

5 Seja puro e livre por dentro, e não permita que seu coração se deixe enredar por quem quer que seja.

Não esconda nada de Deus, esteja aberto a ele sempre com o coração puro, para que você possa se dar conta sem impedimentos de quão amável é o Senhor.

A menos que você seja prevenido e atraído pela graça de Deus, jamais chegará àquele estágio de felicidade em que a pessoa abre mão de tudo, livrando-se de todas as coisas, de modo que, assim despojada, se une unicamente a ele.

Porque quando a graça de Deus encontra o homem, nada mais lhe é impossível. Quando ela se vai, deixa-o pobre e frágil, como, por assim dizer, à mercê de açoites e maus-tratos.

Não se sinta deprimido nem desesperado por causa disso. Descanse tranquilo na vontade de Deus, e seja o que for que lhe sobrevenha, suporte-o para a glória de Jesus Cristo, porque depois do inverno vem o verão; depois da noite, o dia retorna; e depois da tempestade, segue-se grande calmaria.

9
Quando falta a consolação

1 Não é difícil desprezar o conforto humano quando temos a consolação divina.

É sem dúvida algo admirável ser capaz de viver privado de conforto, tanto humano como divino, e de, para a honra de Deus, estar alegremente disposto a suportar um vazio no coração, sem buscar a si mesmo no nada e sem considerar quaisquer méritos próprios.

Que coisa grandiosa é alegrar-se e mostrar-se devoto com a vinda da graça! Isso é o que desejam todos os homens.

Fácil é caminhar impelido pela graça de Deus.

E como é maravilhoso não sentir o fardo, pois o Todo-poderoso é quem o carrega para nós, o guia soberano que nos conduz!

2 O tempo todo desejamos algo que nos conforte, e não é sem dificuldade que o homem abandona a si mesmo.

O santo mártir Lourenço, juntamente com seu sacerdote, venceu o mundo porque tudo o que lhe parecia agradável neste mundo ele desprezou; e por amor a Cristo suportou pacientemente que o separassem do excelentíssimo sacerdote Sisto, a quem tanto amava.

Desse modo ele venceu o amor ao homem pelo amor ao Criador, preferindo o que agradava a Deus ao conforto humano.

Aprenda igualmente a abrir mão de um amigo próximo e querido por amor a Deus.

Não se sinta aborrecido quando um amigo o abandonar, porque sabemos que, no fim, todos teremos de nos separar.

3 O homem deve empreender uma luta intensa e longa consigo mesmo antes de aprender a se dominar por completo, conduzindo seu coração para perto de Deus.

Quando o homem confia em si mesmo, ele facilmente se inclina para o conforto humano.

Mas aquele que realmente ama a Cristo e busca de coração a virtude, não confia em confortos nem procura desfrutar de momentos de suavidade; antes, prefere se exercitar com afinco para que possa suportar tarefas árduas por Cristo.

4 Então, quando você receber conforto espiritual da parte de Deus, receba-o com gratidão, mas entenda que é dom de Deus, e não mérito seu.

Não seja orgulhoso, nem presunçoso ou alegre demais; antes, seja ainda mais humilde por ter recebido tal dom, mais cauteloso também e prudente em todas as suas ações, porque essa hora passará, e a tentação irá voltar.

Quando o conforto lhe for tirado, não entre imediatamente em desespero, mas, com humildade e paciência, espere pela visitação celeste, porque mais uma vez Deus lhe dará conforto ainda maior.

Para aqueles que tiveram uma experiência com Deus, não há nada de novo ou de estranho nisso; porque os grandes santos e os antigos profetas muitas vezes passaram por vicissitudes desse tipo.

5 Por isso, alguém que desfrutou da graça divina disse: "Quando me senti seguro, disse: Jamais serei abalado!" (Sl 30.6).

Entretanto, a graça se foi, e aí diz ele sobre o que achou dentro de si: "Mas, quando escondeste a tua face, fiquei aterrorizado" (v. 7).

No meio de tudo aquilo, porém, ele não se desesperou; pelo contrário, orou mais fervorosamente ao Senhor e disse: "A ti, SENHOR, clamei, ao Senhor pedi misericórdia" (v. 8).

Por fim, ele recebeu o fruto de sua oração e testifica que foi atendido, dizendo: "Ouve, SENHOR, e tem misericórdia de mim; SENHOR, sê tu o meu auxílio" (v. 10).

Mas de que maneira? "Mudaste o meu pranto em dança, a minha veste de lamento em veste de alegria" (v. 11).

Se os grandes santos foram tratados assim, nós que somos fracos e pobres não devemos nos desesperar se, por vezes, somos fervorosos e, outras vezes, frios, porque o Espírito vai e vem conforme lhe agrada a sua vontade. Por isso o bem-aventurado Jó disse: "Para que o examines a cada manhã e o proves a cada instante" (Jó 7.18).

6 Em que posso então esperar, ou em que devo confiar, senão na grande misericórdia de Deus somente, e na única esperança de graça celestial?

Porque embora possa ter ao meu lado homens bons, sejam eles irmãos na fé ou amigos fiéis, ou livros santos, belos tratados, belos hinos e cânticos, todas essas coisas me ajudam e me agradam, mas de pouco me servem quando estou desamparado pela graça e abandonado em minha pobreza.

Em momentos assim, não há remédio melhor que a paciência e a negação de mim mesmo conforme a vontade de Deus.

7 Jamais conheci homem tão religioso e devoto que, por vezes, não experimentasse o distanciamento da graça ou o declínio no zelo.

Nunca houve santo que, por maior enlevo e iluminação em que vivesse, não acabasse mais cedo ou mais tarde sendo tentado.

Não merece contemplar a Deus em sua grandeza quem nunca passou por alguma tribulação por amor a ele.

Pois primeiro vem a tentação como sinal do conforto que se seguirá.

Há promessa de conforto espiritual para quem é tentado. "Ao vencedor", diz ele, "darei o direito de comer da árvore da vida, que está no paraíso de Deus" (Ap 2.7).

8 Mas a consolação divina é dada para que o homem se fortifique e suporte as adversidades.

Depois vem a tentação, para que ele não se orgulhe de bem algum.

O diabo não dorme, e a carne não está morta; portanto, não cesse de se preparar para a batalha, pois à sua direita e à sua esquerda há inimigos que jamais descansam.

10
A GRATIDÃO PELA GRAÇA DIVINA

1 Por que você procura descanso se nasceu para o trabalho?

Procure ter paciência, e não conforto; pense em suportar a cruz, e não em ser feliz.

Quem neste mundo não preferiria ter sempre alegria e confortos espirituais se pudesse?

Porque os confortos espirituais excedem todas as delícias do mundo e os prazeres da carne.

Porque todos os prazeres do mundo são vãos ou impuros. As delícias espirituais, porém, são sempre agradáveis e honestas, nascem da virtude e são infundidas por Deus nas mentes puras.

Mas ninguém pode usufruir o tempo todo de tais confortos conforme seu desejo, porque a tentação não demora a aparecer.

2 Todavia, a falsa liberdade da mente e a grande confiança que temos em nós mesmos se opõem às visitações celestiais.

Deus age bem conosco ao nos oferecer a graça da consolação, mas o homem age mal ao não retribuir tudo a Deus com ações de graças.

E, desse modo, as ações de graças não podem fluir em nós, porque não agradecemos ao Doador, e não as devolvemos completamente à sua origem e fonte.

Porque nunca falta graça àquele que sempre agradece, mas do orgulhoso será tirado o que se costuma dar ao humilde.

3 Não quero consolação que tire de mim a contrição, e não desejo a contemplação que resulta em uma mente altiva.

Porque nem tudo o que é elevado é santo; nem tudo em que há doçura é bom; nem todo desejo é puro; e nem tudo o que nos é agradável agrada a Deus.

Aceito de boa vontade a graça, que sempre me tornará mais humilde e mais próximo do santo temor, dispondo-me a renunciar a mim mesmo.

Aquele que é ensinado pela graça, e instruído pelo impacto de sua ausência, verá que está pobre e nu.

Devemos "dar a Deus o que é de Deus" (Mt 22.21), e a nós, o que é nosso, isto é, agradecer a Deus por sua graça, reconhecendo que não devemos atribuir nada a nós mesmos, exceto o pecado e o castigo decorrentes do pecado.

4 Procure sempre os lugares mais humildes, e lhe serão concedidos os mais elevados, porque estes não podem subsistir sem aqueles.

Os maiores santos para Deus são aqueles que se julgam pouca coisa; e mais gloriosos são quanto mais humildes forem de coração.

Aquele que está cheio de verdade e de glória celestial não deseja a glória vã.

Aqueles que estão firmemente estabelecidos e fundamentados em Deus não podem de modo nenhum se orgulhar disso.

E aqueles que atribuem tudo a Deus, qualquer que seja o bem que tenham recebido, não buscam a glória uns dos outros, e sim a glória de Deus, e desejam acima de tudo o que lhes permita louvar a Deus em si mesmo, e em todos os santos, tendendo sempre nessa direção.

5 Portanto, seja agradecido até pela dádiva mais ínfima, para que seja digno de receber dádivas maiores.

Que o menor seja para você o maior, e a dádiva mais desprezível seja aquela que tem maior valor.

Se você considerar o valor do Doador, dádiva nenhuma lhe parecerá pequena ou de pouca valia, porque não pode ser pequeno aquilo que é concedido pelo Deus Altíssimo.

Sim, se ele conceder castigos e açoites, agradeça, porque ele sempre age pensando no nosso bem, seja o que ele permitir que nos aconteça.

Quem deseja conservar a graça de Deus deve ser agradecido pela graça concedida, e paciente quando ela se ausentar. Ore para que ela volte, e seja cauteloso e humilde para não perdê-la.

11
Poucos amam a cruz de Jesus

1 Muitos amam o reino celestial de Jesus, mas os que carregam sua cruz são poucos.

Muitos desejam seu conforto, mas poucos sua tribulação.

Muitos companheiros ele encontra à mesa, mas poucos na abstinência.

Todos desejam se alegrar com ele, mas poucos estão dispostos a suportar qualquer coisa por ele ou com ele.

Muitos acompanham Jesus no partir do pão, mas poucos tomam com ele o cálice da Paixão.

Muitos reverenciam seus milagres, mas poucos o seguem na vergonha da cruz.

Muitos amam Jesus, mas somente enquanto as adversidades não vêm.

Muitos o louvam e o bendizem, contanto que ele os conforte.

Se, contudo, Jesus se escondesse e os deixasse por algum tempo, logo começariam a se queixar ou cairiam em profundo abatimento.

2 Mas aqueles que amam Jesus pelo que ele é, e não por causa de algum conforto especial, bendizem-no nas tribulações, com o coração angustiado, bem como no estado mais elevado de conforto.

E embora ele talvez jamais venha a consolar essas pessoas, mesmo assim elas o louvam e não cessam de lhe dar graças.

3 Ah, quão poderoso e puro é o amor de Jesus, em que não há interesse pessoal nem amor-próprio!

Acaso não são os mercenários que vivem em busca de conforto?

Não são eles amantes de si mesmos, e não de Cristo, gente que está sempre pensando em vantagens e proveitos pessoais?

Onde estará quem se dispõe de boa vontade a servir a Deus em troca de nada?

4 Dificilmente se achará alguém que seja tão espiritual a ponto de não amar as coisas terrenas.

Onde estará o homem realmente pobre de espírito e desapegado de todas as coisas criadas? Seu valor é como o de um tesouro que se encontra nos confins da terra.

Se o homem der tudo o que tem dentro de si, ainda assim, isso nada significa.

E se ele se arrepender do fundo do coração, ainda é pouco.

E se conquistar todo tipo de conhecimento, ainda está longe.

E se for dotado de grande virtude, se for fervoroso em sua devoção, ainda lhe falta muito, sobretudo uma coisa, que lhe é extremamente necessária.

E o que é? Que, ao deixar tudo, abandone a si mesmo e se livre totalmente de si mesmo, nada retendo de seu amor-próprio.

E depois de fazer tudo o que deve ser feito, segundo lhe parece, que não pense que tenha feito alguma coisa.

5 Que ele não pense grande coisa do que fez e tenha isso em alta estima; pelo contrário, reconheça-se verdadeiramente como servo inútil que é, como disse a própria Verdade: "Assim também vocês, quando tiverem feito tudo o que lhes for ordenado, devem dizer: 'Somos servos inúteis; apenas cumprimos o nosso dever'" (Lc 17.10).

Que ele seja verdadeiramente pobre e nu em espírito e diga como o profeta: "Pois estou só e aflito" (Sl 25.16).

Todavia, nenhum homem é mais rico que ele, nenhum é mais poderoso, nenhum é mais livre; porque ele pode abandonar a si mesmo e a tudo o mais colocando-se na posição mais inferior.

12

A ESTRADA REAL DA SANTA CRUZ

1 Para muitos, parece difícil esta palavra: "Negue-se a si mesmo, tome a sua cruz e siga a Jesus" (Mt 16.24).

Ainda mais difícil, porém, será ouvir aquelas últimas palavras: "Malditos, apartem-se de mim para o fogo eterno" (Mt 25.41).

Porque aqueles que hoje ouvem e seguem de boa vontade a palavra da cruz não temerão a sentença da condenação eterna.

O sinal da cruz aparecerá no céu quando o Senhor vier para julgar.

Então todos os servos da cruz, que em vida se conformaram ao Cristo crucificado, se aproximarão do Cristo juiz com grande confiança.

2 Portanto, por que você teme tomar a cruz que o conduz ao céu?

Na cruz está a salvação, na cruz está a vida, na cruz está a proteção contra nossos inimigos, na cruz está a infusão de doçura celestial, na cruz está a força da mente, na cruz está a alegria do espírito, na cruz está o auge da virtude, na cruz está a perfeição da santidade.

Não há salvação para a alma, nenhuma esperança de vida eterna, senão na cruz.

Tome, portanto, sua cruz e siga a Jesus, e você entrará na vida eterna. Ele foi antes, carregando a cruz, e nela morreu por você, para que você também possa suportar sua cruz e deseje morrer nela.

Porque se você morrer com ele, também viverá com ele. Se for seu companheiro na dor, será partícipe também de sua glória.

3 Sim, na cruz tudo consiste e tudo em nossa morte repousa ali, porque não há outro caminho de vida e de verdadeira paz interior, senão o caminho da santa cruz e da mortificação diária.

Aonde quer que você vá, busque seja lá o que for, jamais encontrará um caminho superior para cima, nem um caminho mais seguro para baixo, do que o caminho da santa cruz.

Disponha e ordene todas as coisas conforme sua vontade e juízo, e ainda assim descobrirá que será necessário sofrer um pouco, quer esteja disposto quer não, de modo que sempre encontrará a cruz.

Porque ou você sentirá dor no corpo ou sofrerá tribulação de espírito na alma.

4 Por vezes, você será abandonado por Deus; outras vezes, será incomodado pelo próximo e, o que é pior, muitas vezes se cansará de si mesmo.

Remédio ou conforto nenhum haverão de livrá-lo ou tranquilizá-lo. Mas, enquanto for da vontade de Deus, suporte o que tiver de suportar.

Porque Deus fará que você aprenda a passar sem conforto pela tribulação, irá ensiná-lo a se submeter inteiramente a ele e, pela tribulação, fará de você uma pessoa mais humilde.

Ninguém sente com tamanha sinceridade a paixão de Cristo quanto aquele que também passou por sofrimento semelhante.

A cruz, portanto, está sempre pronta, e em toda parte espera por você.

Você não pode fugir dela, não importa aonde vá, porque aonde quer que vá, será sempre você mesmo; não há como se esquivar disso.

Tanto acima quanto abaixo, dentro e fora, sempre, para onde for que você se volte, por toda parte encontrará a cruz. Sempre que tiver uma necessidade, seja paciente, e assim terá paz interior e desfrutará da coroa eterna.

5 Se você suportar com alegria a cruz, ela o suportará e o levará ao fim desejado, isto é, a um lugar onde o sofrimento acabará, enquanto aqui ele não terá fim.

Se você não a suportar de bom grado, porá sobre si mesmo um novo fardo ainda mais pesado, e de qualquer modo terá de suportá-lo.

Se você se livrar de uma cruz, sem dúvida encontrará outra, talvez até mais pesada.

6 Você acha que pode escapar daquilo que mortal algum jamais pôde evitar? Que santo neste mundo não teve cruzes e tribulações?

Porque nem mesmo nosso Senhor Jesus Cristo, enquanto viveu, teve uma hora sequer em que se viu livre da angústia de sua Paixão. "Não devia o Cristo", disse ele, "sofrer estas coisas, para entrar na sua glória?" (Lc 24.26). Então por que você busca outra estrada que não seja a estrada real, que é a estrada da santa cruz?

7 A vida toda de Cristo foi de cruz e de martírio, e você procura descanso e alegria?

Você se ilude, e muito, se busca outra coisa que não seja passar por tribulações, porque esta vida mortal é cheia de mistérios, e por toda parte há cruzes.

Quanto mais a pessoa tiver progredido no espírito, tanto mais encontrará cruzes ainda maiores, porque a dor do exílio aumenta seu amor por Deus.

8 Todavia, embora aflito de várias maneiras, não falta a esse homem alívio reconfortante, porque percebe que são muitos os benefícios que acumula carregando sua cruz.

Porque quando a carrega de bom grado, o peso da tribulação se transforma em confiança no conforto divino.

Quanto mais a carne for arruinada pela aflição, tanto mais o espírito é fortalecido pela graça interior.

Às vezes, o homem é de tal forma confortado pelo desejo da tribulação e da adversidade por amor a submissão à cruz de Cristo que não quer mais viver sem dor e tribulação, porque acredita que mais Deus haverá de aceitá-lo quanto mais sofrer por ele.

Esse poder não vem do homem, e sim da graça de Cristo, que pode e faz muita coisa pela carne frágil, de modo que aquilo de que naturalmente foge e odeia, pelo fervor do espírito passa a buscar e a amar.

9 O homem não tem inclinação para carregar a cruz, para amá-la, para castigar o corpo e sujeitá-lo, para fugir das honrarias, para sofrer censuras, para desprezar a si mesmo e desejar ser desprezado, suportando todo dano e adversidade, avesso à prosperidade neste mundo.

Se você olhar para dentro de si, verá que não tem condições de fazer nada parecido.

Se, contudo, você confiar em Deus, do céu receberá forças, e o mundo e a carne ficarão sujeitos à sua ordem.

Também não terá de temer seu inimigo, o Diabo, se estiver armado com fé e sob o sinal da cruz de Cristo.

10 Seja, portanto, um servo bom e fiel de Cristo, e suporte com coragem a cruz do seu Senhor, que foi crucificado por amor a você.

Prepare-se para suportar muitas adversidades e inúmeros problemas nesta vida infeliz, porque essas coisas lhe sobrevirão onde quer que você esteja. Certamente é o que você encontrará onde quer que se esconda.

Pois é assim que deve ser; portanto, não há remédio ou meio de escape da tribulação e das tristezas, senão suportá-las.

Beba do cálice do Senhor de todo o coração se quiser ser seu amigo e ter parte com ele. Quanto às consolações, deixe-as para Deus, para que as conceda conforme lhe agradar.

Sim, prepare-se para sofrer tribulações, e tenha nelas grande conforto, porque os sofrimentos do tempo presente, embora sozinho os tenha sofrido, não se comparam com a glória que está por vir.

11 Quando você chegar ao ponto em que a tribulação lhe pareça doce, e isso for motivo de alegria por amor a Cristo, saiba que tudo agora está bem: você encontrou o paraíso na terra.

Enquanto for difícil sofrer, e seu desejo for o de escapar ao sofrimento, não haverá sossego, e o desejo de fugir da tribulação o seguirá por toda parte.

12 Se você se dispuser a fazer o que deve ser feito, isto é, a sofrer e a morrer, as coisas logo melhorarão, e você encontrará paz.

Ainda que você possa ser levado ao terceiro céu na companhia de Paulo, isso não lhe garante que o mal não lhe sobrevirá. "Mostrarei a ele", disse Jesus, "o quanto deve sofrer pelo meu nome" (At 9.16).

Se você se agrada de servir a Jesus, e servi-lo perpetuamente, seus sofrimentos permanecerão.

13 Ah, se você de algum modo sofresse pelo nome de Jesus! Que grande glória seria para si mesmo, que alegria tão grande para todos os santos de Deus, quanta edificação para o seu próximo!

Todos recomendam paciência; poucos, porém, estão dispostos a sofrer.

Com grande razão você deve sofrer alegremente um pouco que seja por Cristo, visto que muitos suportam coisas piores por amor ao mundo.

14 Não se engane: mortifique-se em vida. Quanto mais o homem morrer para si mesmo, tanto mais começa a viver para Deus.

Ninguém poderá compreender as coisas celestiais se não se submeter a inúmeras adversidades por amor a Cristo.

Nada é mais aceitável para Deus, nada mais aproveitável para você neste mundo, do que sofrer de bom grado por Cristo.

Se pudesse escolher, você deveria desejar sofrer adversidades por Cristo em vez de ser confortado por muitas consolações, porque assim seria mais parecido com Cristo e mais semelhante a todos os santos.

Porque nosso valor e o progresso de nosso estado espiritual não consistem em muitas alegrias e confortos, e sim em suportar do começo ao fim enormes aflições e tribulações.

15 Se houvesse algo melhor e mais proveitoso à salvação do homem do que o sofrimento, certamente Cristo o teria mostrado em palavras e exemplos.

Porque tanto aos discípulos que o seguiam quanto a todos os que desejam fazê-lo, ele exortou claramente a que levassem a cruz e disse: "Se alguém quiser acompanhar-me, negue-se a si mesmo, tome diariamente a sua cruz e siga-me" (Lc 9.23).

Desse modo, depois que tivermos lido tudo e procurado por toda parte, a conclusão será de que "é necessário que passemos por muitas tribulações para entrarmos no Reino de Deus" (At 14.22).

Livro 3

Consolações interiores

1

Cristo fala ao coração da alma fiel

1 "Eu ouvirei o que Deus, o Senhor, disse" (Sl 85.8).

Bem-aventurada é a alma que ouve o Senhor falar-lhe ao coração e recebe de sua boca palavra de consolação.

Bem-aventurados os ouvidos que ouvem alegremente o que sussurra o Senhor e não prestam atenção aos muitos sussurros deste mundo.

Bem-aventurados, sim, os ouvidos que não ouvem a voz que ecoa do exterior, e sim a verdade que instrui o interior.

Bem-aventurados os olhos fechados às coisas externas, mas abertos às internas.

Bem-aventurados os que examinam as coisas interiores e se esforçam cada vez mais, através de exercícios diários, para acolher os segredos celestiais.

Bem-aventurados os que se sentem alegres porque têm um tempo reservado para Deus, despojando-se de todo impedimento mundano.

2 Medite sobre essas coisas, ó minha alma, e feche a porta dos desejos sensuais, para que você ouça o que o Senhor seu Deus tem a lhe dizer.

"Eu sou a sua salvação", diz o seu Amado (Sl 35.3). "Eu sou a sua paz e sua vida: se você ficar perto de mim, encontrará paz."

Abandone as coisas transitórias e busque as que são eternas.

O que são as coisas temporais, senão armadilhas da sedução? De que lhe servirão todas as criaturas se você for abandonado pelo Criador?

Desapegue-se das coisas temporais e se esforce para agradar a seu Criador e para ser fiel a ele, alcançando assim a verdadeira bem-aventurança.

2
Deixe a verdade falar a seu coração sem confusão de palavras

A voz do discípulo

1 "Fala, Senhor, pois o teu servo está ouvindo" (1Sm 3.9).

"Sou teu servo; dá-me entendimento para compreender os teus testemunhos" (Sl 119.125).

Inclina meu coração para as palavras da tua boca: que tuas palavras caiam como o orvalho.

Em tempos passados os filhos de Israel disseram a Moisés: "Fala tu mesmo conosco, e ouviremos. Mas que Deus não fale conosco, para que não morramos" (Êx 20.19).

Não é isso o que te peço Senhor; pelo contrário, juntamente com o profeta Samuel, imploro: "Fala, Senhor, pois o teu servo está ouvindo" (1Sm 3.10).

Que não seja Moisés a falar comigo, nem algum dos profetas, mas que seja o Senhor a falar, ó Senhor Deus, inspirador e luz de todos os profetas, porque tu, Senhor, e não eles, podes me instruir perfeitamente, e eles sem o Senhor nada podem fazer.

2 Eles podem até falar, mas não podem dar o Espírito.

Podem até falar bonito, mas, se tu te calares, eles não conseguirão inflamar o coração.

Eles ensinam a letra, mas tu concedes o sentido; eles divulgam mistérios, mas tu decifras o significado das coisas seladas.

Eles expõem teus mandamentos, mas tu nos ajudas a segui-los.

Eles apontam o caminho, mas tu nos dás forças para caminhar nele.

Tudo o que fazem, eles o fazem exteriormente; tu, porém, instruis e iluminas o coração.

Eles regam, mas tu dás os frutos.

As palavras deles clamam em alta voz, mas tu dás entendimento aos ouvidos.

3 Que não seja, portanto, Moisés a falar comigo, mas tu, ó Senhor meu Deus, verdade eterna, para que eu não morra sem frutos, atentando apenas ao que é externo, sem inflamar-me por dentro.

Para que eu não seja condenado por ouvir a palavra e não cumpri-la, por conhecê-la e não amá-la, por crer nela e não observá-la.

Fala, portanto, Senhor, porque teu servo ouve. "Pois só tu tens as palavras de vida eterna" (Jo 6.68).

Fala comigo para a consolação, ainda que imperfeita, de minha alma, e para o aperfeiçoamento de toda a minha vida, para teu louvor, glória e honra para sempre.

3

As palavras de Deus devem ser ouvidas com humildade, e muitos não as levam em consideração

A voz de Jesus

1 Filho meu, ouça minhas palavras, palavras de imensa doçura que ultrapassam o conhecimento de todos os filósofos e de todos os sábios deste mundo.

"As palavras que eu lhe digo são espírito e vida" (Jo 6.63), e não devem ser avaliadas pelo entendimento humano.

Não se deve declará-las em busca de vã aprovação. Deve-se ouvi-las em silêncio e recebê-las com toda a humildade e grande afeição.

A voz do discípulo

"Como é feliz o homem a quem disciplinas, Senhor, aquele a quem ensinas tua lei; tranquilo, enfrentará os dias maus", para que ele não se sinta desolado na terra (Sl 94.12-13).

A voz de Jesus

2 "Instruí os profetas desde o início", diz o Senhor, "e não cesso, até os dias de hoje, de falar a todos, embora muitos estejam empedernidos e surdos à minha voz."

A maior parte das pessoas ouve o mundo de mais bom grado do que a Deus, e depressa segue os desejos da carne, e não aquilo que agrada a Deus.

O mundo promete coisas temporais e vis, e as pessoas servem a ele com grande entusiasmo. Eu prometo coisas elevadíssimas e eternas, mas o coração dos homens é indiferente a mim.

"Quem em todas as coisas me serve e me obedece com tanto carinho quanto o mundo e seus senhores são servidos? Envergonhe-se, ó Sidom", disse o mar (Is 23.4). Se deseja saber a causa disso, eu lhe direi.

Por um pequeno salário, empreende-se uma longa viagem; para a vida eterna, muitos dificilmente tiram um pé do chão.

Procura-se a recompensa mais deplorável; por um pouco de dinheiro ocorrem às vezes disputas vergonhosas; por uma questão tola e uma promessa desprezível, o homem não teme trabalhar dia e noite.

3 Mas é incrível que para um bem imutável, uma recompensa inestimável, para a maior honra, e glória sem fim, o homem reclame até quando se cansa um pouco que seja.

Envergonhe-se, portanto, servo preguiçoso e resmungão, de que haja outros mais dispostos a caminhar para a destruição do que você para a vida.

Eles se alegram mais na vaidade do que você na verdade.

Às vezes, não há dúvida de que veem frustrada sua esperança; minha promessa, entretanto, não ilude a ninguém, nem despede de mãos vazias aquele que confia em mim.

O que prometi, darei; o que disse, cumprirei, se pelo menos um homem se mantiver fiel ao meu amor até o fim.

Sou eu o galardoador de todo homem bom, o defensor de todos os que são devotados a mim.

4 Escreva minhas palavras no seu coração e medite sobre elas com cuidado, porque na hora da tentação elas lhe serão muito necessárias.

O que você não compreender quando ler, entenderá no dia da visitação.

De duas maneiras costumo visitar meus eleitos: na tentação e na consolação.

Ensino diariamente a eles duas lições: a primeira censurando-lhes os vícios; a segunda, exortando-os a crescer em virtudes.

Aquele que conhece minhas palavras e as despreza tem quem o julgue no último dia.

Oração de súplica pela graça da devoção

5 Ó Senhor meu Deus! Tu és para mim tudo o que de bom existe. E quem sou eu que ouso me dirigir a ti? Sou teu servo mais pobre e mesquinho, o mais vil, muito mais pobre e desprezível do que eu possa ou ouse expressar.

E, no entanto, tu te lembras de mim, ó Senhor, porque nada sou, nada tenho, nada posso.

Tu somente és bom, justo e santo; podes todas as coisas, realizas todas as coisas, a tudo enches, e só o pecador deixas vazio.

Lembra-te de tuas misericórdias, enche de graça meu coração, tu que não desejas que tuas obras sejam vazias e vãs.

6 Como posso me suportar nesta vida infeliz, a menos que tu me fortaleças com tua graça e misericórdia?

"Não escondas do teu servo a tua face" (Sl 69.17), não demores em me visitar, não retires de mim teu conforto, para que minha alma não se torne para ti terra sequiosa.

"Ensina-me, ó Senhor, a fazer tua vontade" (Sl 143.10); ensina-me a viver de modo digno e humilde diante de ti, porque tu és minha sabedoria: conheces-me de verdade e conhecias-me antes da fundação do mundo, e antes que eu viesse ao mundo.

4

Viva na verdade e em humildade diante de Deus

A voz de Jesus

1 Filho meu, ande diante de mim em verdade, busque-me na simplicidade do seu coração. Quem anda diante de mim na verdade será protegido dos ataques do maligno, e a verdade o libertará das seduções e das calúnias dos homens maus.

Se a verdade o libertar, você será realmente livre, e não se importará com as palavras vãs dos homens.

A voz do discípulo

Ó Senhor, é verdade. Conforme disseste, assim te busco, assim seja comigo. Que tua verdade me guie, me guarde e me preserve do mal até o fim.

Que ela me livre de toda afeição maligna e de todo amor desordenado, e andarei contigo em grande liberdade de coração.

A voz de Jesus

2 Ensinarei a você, diz a Verdade, o que é certo e o que é agradável aos meus olhos.

Pense nos seus pecados com grande desprazer e tristeza, e jamais estime a si mesmo por causa de suas boas obras.

Na verdade, você é pecador e está sujeito a um emaranhado de paixões. Você tende sempre ao nada, bem depressa cai, bem depressa é vencido, bem depressa se sente perturbado e logo desfalece.

Não há nada em você de que possa se gloriar; pelo contrário, há muita coisa que o torna vil, porque você é muito mais fraco do que possa imaginar.

3 Portanto, não permita que nada que você faça lhe pareça grandioso.

Não permita que nada pareça importante, que nada lhe pareça precioso, de grande valor, nada elevado, nada verdadeiramente recomendável e desejável, senão o que é eterno.

Que a verdade eterna esteja acima de tudo o que lhe dá prazer. Que sua extrema indignidade lhe seja sempre desagradável.

Nada tema, não censure coisa alguma, não fuja de nada, senão de seus pecados e erros, que devem ser mais intoleráveis para você do que quaisquer perdas terrenas.

Há quem não ande em sinceridade na minha presença; instigados que são pela curiosidade e pelo orgulho, querem conhecer meus segredos e compreender as coisas elevadas de Deus, descuidando de si mesmos e de sua salvação.

Estes, muitas vezes, caem em grandes tentações e pecados impelidos pelo orgulho e pela curiosidade, por isso resisto a eles.

4 Tema os julgamentos de Deus, receie a ira do Todo-poderoso. No entanto, jamais discuta as obras do Altíssimo; antes, investigue atenciosamente suas próprias iniquidades, veja quantas coisas horríveis você fez, e quantas coisas boas deixou de fazer.

Alguns colocam sua devoção somente nos livros, alguns em imagens, outros em sinais externos e figuras.

Há quem me leve nos lábios, mas são poucos os que me levam no coração.

Outros há que, iluminados em seu entendimento e purificados em sua afeição, sempre desejam as coisas eternas e não sentem prazer em ouvir as coisas deste mundo. Com muito custo atendem às necessidades da natureza. Estes percebem o que o Espírito da Verdade lhes diz.

Porque ele os ensina a desprezar o que é terreno e a amar as coisas celestiais, a negar o mundo e desejar o céu noite e dia.

5

O EFEITO MARAVILHOSO DO AMOR DIVINO

A voz do discípulo

1 Eu te louvo, ó Pai Celestial, Pai do meu Senhor Jesus Cristo, porque tu prometeste que te lembrarias de mim, pobre criatura.

Ó Pai de misericórdias e Deus de todo conforto, graças te dou, porque por vezes teu conforto me dá alívio, indigno que sou de toda consolação.

Sempre te louvarei e te glorificarei juntamente com teu Filho unigênito, e com o Espírito Santo, o Consolador, para todo o sempre.

Ó Senhor Deus, amante santo de minha alma, quando entras em meu coração, tudo o que há dentro de mim se alegra.

Tu és minha glória, em ti meu coração exulta, tu és minha esperança e refúgio no dia de minha tribulação.

2 Entretanto, como ainda sou fraco no amor, e minhas virtudes são imperfeitas, tenho necessidade de ser fortalecido e consolado por ti. Visita-me, portanto, com frequência e instrui-me com disciplina santa.

Liberta-me das paixões malignas, cura meu coração de toda afeição desordenada para que, curado interiormente e totalmente limpo, possa eu amar, tenha coragem de sofrer e esteja pronto a perseverar.

3 O amor é coisa elevada; sim, um bem elevado e completo. O amor suaviza o que é pesado, e restaura o equilíbrio em tudo o que há desigualdade.

Porque o amor leva consigo um fardo que não é fardo nenhum, e torna doce e saboroso tudo que é amargo.

A nobreza do amor de Jesus impele o homem a realizar grandes coisas, e o leva sempre a desejar o que é mais perfeito.

O amor deseja ser elevado às alturas, e não será detido por nada que seja inferior ou mesquinho.

O amor deseja ser livre e separado de todas as afeições mundanas, de modo que sua visão interior não seja obscurecida e você não se deixe emaranhar pela prosperidade material ou acabe vencido por qualquer adversidade.

Nada é mais doce que o amor, nada mais corajoso, nada mais elevado, nada mais vasto, nada mais prazeroso, nada mais pleno ou melhor no céu ou na terra; porque o amor nasce de Deus, e só nele pode repousar acima de todas as coisas criadas.

4 Quem ama, voa, corre e se regozija; é livre, e não pode ser impedido.

Dá tudo a todos, tem tudo em tudo, porque repousa em quem está acima de todas as coisas, de quem provém e procede todo bem.

Não espera dádivas; antes, dá a si mesmo acima de todas as coisas ao Doador.

O amor, muitas vezes, não conhece limites; seu fervor, porém, ultrapassa toda medida.

O amor não sente fardo, não vê problema em coisa alguma, esforça-se pelo que está acima de suas forças, não se queixa da impossibilidade, porque para ele todas as coisas são lícitas em si mesmas, e tudo é possível.

O amor pode, portanto, fazer o que quer que seja, complementa muitas coisas e faz que produzam efeito, enquanto aquele que não ama, desfalece e cai.

5 O amor é vigilante; não descansa nem quando dorme.

Fatigado, não se cansa; pressionado, não cede; alarmado, não se confunde, mas, como chama viva e tocha fumegante, abre caminho à força e passa com segurança por tudo.

Quando o homem ama, conhece o chamado dessa voz. É um clamor em alta voz aos ouvidos de Deus, afeto ardente da alma que diz: "Meu Deus, meu amor, tu és meu, e eu sou teu".

6 Faze crescer dentro de mim o amor, para que eu com a boca do coração prove quão doce é amar, e assim me dissolva banhado em amor.

Que eu seja possuído pelo amor, ultrapassando a mim mesmo pelo excesso de fervor e de admiração.

Que eu entoe o cântico do amor; que eu te siga, meu Amado, nas alturas; permita que minha alma se desprenda em teu louvor, regozijando-se no amor.

Que eu te ame mais do que a mim mesmo, e que me ame não por amor a mim, mas por amor a ti, e em ti tudo o que verdadeiramente te ama, conforme manda a lei do amor que emana de ti.

7 O amor é ágil, sincero, afetuoso, agradável, amigo, corajoso, paciente, fiel, prudente, tudo suporta, é valente e nunca busca seu próprio bem.

Porque no momento em que alguém busca a si mesmo, decai do amor.

O amor é prudente, humilde e justo; não se rende à fragilidade ou à frivolidade, nem cuida do que é vão; antes, é sóbrio, casto, constante, tranquilo e comedido em todos os sentidos.

O amor é submisso e obediente a seus superiores; em relação a si mesmo ele é desprezível e abjeto, em relação a Deus é reverente e agradecido, confiante e espera sempre nele, mesmo quando Deus não lhe concede doçura nenhuma porque sem tristeza ninguém experimenta o amor.

8 Quem não estiver preparado para suportar todas as coisas e para acolher a vontade do seu Amado, não é digno de ser chamado amante de Deus.

Quem ama abraça de bom grado tudo o que é árido e desagradável por amor ao seu Amado; e não lhe dá as costas por nenhuma contrariedade.

6
Prova de verdadeiro amor a Cristo

A voz de Jesus

1 Filho meu, você ainda não provou ser corajoso nem dedicado no amor.

A voz do discípulo

Como não, Senhor?

A voz de Jesus

Ora, basta uma leve contrariedade para que você abandone seus encargos e busque consolação com avidez excessiva.

Quem é corajoso no amor permanece firme na tentação e não se deixa levar pela persuasão engenhosa do inimigo. Assim como me ama na prosperidade, na adversidade não lhe sou desagradável.

2 Para quem ama com prudência, não importa tanto a dádiva que recebe de quem ama, mas sim o amor do Doador.

Ele valoriza mais a boa vontade do que o valor da dádiva, e coloca toda dádiva recebida abaixo daquele a quem ama.

Quem ama nobremente não privilegia a dádiva, mas a mim acima de todas as coisas.

Nem tudo, porém, está perdido se, por vezes, você sente menos afeição do que deveria sentir por mim ou por meus santos.

Aquela afeição boa e doce que você sente às vezes é o efeito da graça presente, uma espécie de aperitivo de seu lar celestial. A isso, porém, você não deve se entregar em demasia, porque é algo que vai e vem.

Mas lutar contra os maus impulsos que nos sobrevêm à mente e rejeitar com desdém as sugestões do diabo são sinais notáveis de virtude que serão amplamente recompensados.

3 Não se deixe levar, portanto, por quaisquer fantasias estranhas, sejam elas quais forem, porque tumultuarão sua mente. Mantenha-se firme em seu propósito, com coragem e com intenção elevada diante de Deus.

Não é ilusão que você, às vezes, seja subitamente arrebatado às alturas, e retorne ao presente outra vez para as vaidades a que seu coração está acostumado.

Essas coisas você suporta relutante, e não as comete, e, enquanto elas lhe desagradarem e você resistir a elas, terá muito a ganhar e nada a perder.

4 Saiba que o antigo inimigo procura de todas as maneiras impedir seu desejo de fazer o bem e mantê-lo longe dos exercícios piedosos, sobretudo da veneração dos santos de Deus, da celebração devota da minha Paixão, da lembrança proveitosa dos pecados cometidos, da vigilância do coração e do firme propósito de progredir na virtude.

São muitos os pensamentos malignos que ele sugere a você, para exauri-lo e causar-lhe horror, para afastá-lo da oração e da santa leitura.

Não lhe agrada a confissão humilde e, se ele pudesse, impediria você de participar da santa comunhão.

Não confie nele, não lhe dê atenção, embora muitas vezes ele monte ciladas para enganá-lo e fazê-lo cair nelas.

Censure-o quando ele lhe sugerir pensamentos maus e impuros, dizendo:

"Afaste-se, espírito impuro, sem-vergonha, miserável e infeliz! Você é imundo e traz essas coisas aos meus ouvidos!

"Afaste-se de mim, enganador perverso! Você não tem parte comigo, quem me vale é Jesus, guerreiro valente. Quanto a você, será confundido.

"Prefiro morrer e sofrer todo e qualquer tormento a consentir com o que me sugere.

"Cale-se, fique quieto. Não o ouvirei mais, embora possa causar-me muitos problemas. 'O Senhor é a minha luz e a minha salvação; de quem terei temor?' (Sl 27.1).

"Se tiver de enfrentar grandes exércitos, meu coração não fraquejará. 'O Senhor é meu forte e meu refúgio'" (v. 1).

5 Lute como bom soldado. E se por vezes você cair, porque é frágil, reúna mais forças ainda que antes, confiando na minha graça ainda mais generosa. Cuidado com os prazeres vãos e com o orgulho.

Por causa disso muitos erram e caem em cegueira quase incurável.

Que a queda dos orgulhosos, que tanto estimam a si mesmos, sirva de aviso a você. Seja sempre humilde.

7
Oculte a graça sob o manto da humildade

A voz de Jesus

1 Filho meu, é mais proveitoso e mais seguro para você ocultar a graça da devoção. Não se julgue importante, evite falar dela, não pense muito no assunto. Pelo contrário, ponha-se no seu lugar, receba-a com reverência, sabendo que não é merecedor dela.

Não se afeiçoe muito a essa graça, porque as coisas podem mudar de repente.

Quando tiver essa graça, pense em como você é infeliz e necessitado sem ela.

Seu progresso na vida espiritual não consiste só nisso, isto é, em ter a graça da consolação, mas com humildade, negando-se a si mesmo, e com paciência, você deve também suportar a ausência dela, sem negligenciar, porém, o exercício da oração e sem se descuidar das demais tarefas.

Faça com alegria o que lhe cabe fazer, conforme o melhor de suas forças e de seu entendimento. Não descuide totalmente de si mesmo por causa da aridez e da ansiedade mental que sente.

2 Porque muitos, quando fracassam, tornam-se impacientes ou preguiçosos.

Nem sempre o homem tem o poder de decidir o caminho que deseja trilhar, porque cabe a Deus mostrá-lo e dar o conforto quando ele achar melhor, e o tanto que julgar necessário, e a quem quiser, conforme lhe agradar e ponto final.

Algumas pessoas imprudentes, na graça de uma vida de devoção, acabaram por destruir a si mesmas, porque tentaram fazer mais do que eram capazes, e não levaram em conta seu grau de fraqueza, preferindo seguir o desejo do coração a ouvir a voz da razão.

E como se deixaram fascinar por coisas grandiosas, em vez de se preocuparem em agradar a Deus, bem depressa perderam sua graça.

Aqueles que construíram ninhos para si no céu se viram desamparados e excluídos, para que, sendo humilhados e empobrecidos, não aprendessem a voar com asas próprias, mas a confiar nas minhas.

Os que ainda são novos e inexperientes no caminho do Senhor, a menos que se deixem guiar pela orientação de pessoas discretas, podem facilmente se iludir e se desapontar profundamente.

3 E se preferirem seguir suas próprias ideias a confiar em outros mais experientes, seu fim será repleto de perigos, principalmente se não estiverem dispostos a abandonar a prepotência que tanto acalentam.

Raras vezes acontece de uma pessoa que se julga sábia suportar humildemente ser governada por outros.

É melhor ter uma pequena porção de bom senso com humildade, e entender pouco das coisas, do que ter grandes tesouros de conhecimentos embalados em tola satisfação pessoal.

É melhor que você tenha pouco do que muito daquilo que o torna orgulhoso.

Anda com pouca prudência quem se entrega completamente à alegria, esquecendo-se do desamparo em que antes vivia e do temor puro do Senhor, e que sempre teme perder a graça que lhe foi oferecida.

Não é sábio em sua coragem aquele que, no tempo da adversidade ou de alguma tribulação, entrega-se imediatamente a pensamentos desesperadores, porque pensa em mim com menos confiança do que deveria pensar.

4 Aquele que em tempos de paz se sente seguro demais, em tempo de guerra ficará tomado de grande desalento e temores.

Se você tivesse a sabedoria de ser sempre humilde e moderado, bem como a sabedoria de governar e de conduzir com moderação seu espírito, não cairia tão depressa assim em perigos e ofensas.

Ouça um bom conselho: quando você sentir o fervor do espírito, imagine como será quando deixar de senti-lo.

Quando isso acontecer, lembre-se então de que essa luz poderá voltar um dia, e que isso lhe sirva de aviso e resulte em minha glória esse meu distanciamento temporário.

5 Tais provações são muitas vezes mais proveitosas do que a prosperidade que você almeja.

Porque o valor do homem não se mede pelo número de visões e de consolações que possa ter, ou por seu conhecimento das Escrituras, ou pela posição de destaque que ocupa.

Seu valor se mede de acordo com o grau em que se acha alicerçado na verdadeira humildade e está cheio da caridade divina; na medida em que busca com sinceridade a honra divina; em quão desimportante ele se considera; e em como despreza a si mesmo, alegrando-se mais em ser desprezado e marginalizado pelos outros do que honrado por eles.

8

Humilhe-se diante de Deus

A voz do discípulo

1 Devo me atrever a falar com Deus, "eu que não passo de pó e cinza" (Gn 18.27)? Se me considero qualquer coisa mais que isso, tu te insurgirás contra mim, pois meus pecados dão testemunho verdadeiro do que sou; não há como contradizê-los.

No entanto, se me humilhar, se reduzir a mim mesmo a nada, despojando-me de toda autoestima, fazendo-me pó, tua graça será favorável a mim, e tua luz se achegará ao meu coração. Desse modo, toda autoestima, por menor que seja, se perderá no abismo da minha nulidade, perecendo para sempre.

Ali tu te mostras a mim, revelas o que sou, quem tenho sido e a que vim, porque nada sou, mas não sabia disso.

Se for deixado por minha própria conta, ficarei entregue à minha fraqueza. Se, contudo, por um instante olhares para mim, fico forte e cheio de nova alegria.

É maravilhoso que eu seja tão subitamente levantado e tão graciosamente acolhido por ti, porque meu peso tende sempre a me empurrar para baixo.

2 Teu amor é a causa disso tudo, guardando-me e livrando-me de tantas necessidades, protegendo-me também de tantos perigos ao meu redor, e salvando-me de inúmeros males.

Porque ao me amar assim insanamente eu me perdi, e ao buscar somente a ti, amando-te puramente, encontrei a mim e a ti, e graças a esse amor rebaixei-me mais ainda a nada.

Porque tu, maravilhoso Senhor, tratas-me melhor do que mereço, melhor do que poderia esperar ou pedir.

3 Bendito sejas, meu Deus, porque, embora eu seja indigno de todo bem, ainda assim tua nobre generosidade e bondade infinita jamais cessam de conceder o bem até mesmo aos ingratos, bem como àqueles que se afastam de ti.

Faze que nos voltemos para ti, para que sejamos agradecidos, humildes e devotos. Porque tu és nossa salvação, nossa coragem e nossa força.

9

O fim último de todas as coisas está em Deus

A voz de Jesus

1 Filho meu, se você deseja ser realmente abençoado, faça de mim seu fim supremo e definitivo.

Desse modo suas intenções serão purificadas, porque muitas vezes elas se inclinam de modo desordenado para o egoísmo e para as coisas criadas.

Porque se você buscar a si mesmo no que quer que seja, imediatamente fraquejará e se tornará estéril.

Por isso, tenha sempre seu Deus em mente em tudo quanto fizer, porque sou eu quem tudo lhe concede.

Saiba que tudo procede do Bem Supremo, portanto sou a fonte a quem tudo deve ser atribuído.

2 De mim, fonte da vida, pequenos e grandes, pobres e ricos, tiram a água da vida, e quem me serve de bom grado e livremente receberá graça sobre graça.

Mas aquele que quiser se gloriar em outras coisas, e não em mim, ou se deleitar em algum bem particular, jamais terá a alegria verdadeira nem se abrirá seu coração; pelo contrário, ele se sentirá perturbado e com o coração apertado.

Portanto, não pense que haja em você algo de bom, nem acredite que haja algum homem que seja virtuoso; antes, leve tudo à presença de Deus, sem o qual o homem nada tem.

Dei tudo o que tinha, e meu desejo é que tudo retorne a mim novamente. Faço questão de que me agradeçam.

3 Essa é a verdade que afugenta a glória vã.

Se a graça divina e a caridade verdadeira estiverem presentes em seu coração, não haverá motivo para que ele sinta inveja ou sinta o coração apertado, e o amor-próprio não o dominará.

Porque a caridade divina vence todas as coisas, e amplia os poderes da alma.

Se você for realmente sábio, se alegrará unicamente em mim, e só em mim você esperará; porque não há quem seja bom, exceto Deus, que deve ser louvado e bendito acima de todas as coisas.

10

É doce desprezar o mundo e servir a Deus

A voz do discípulo

1 Senhor, mais uma vez quero falar. Não ficarei quieto. Direi ao meu Deus, meu Senhor e meu Rei que das alturas me ouve:

"Como é grande a tua bondade, que reservaste para aqueles que te temem" (Sl 31.19).

E como ages, Senhor, em relação àqueles que te amam, que te servem de todo o coração?

Não há palavras para descrever como é doce poder te contemplar. Essa doçura tu concedes aos que te amam.

Nisto, principalmente, tu me mostraste a doçura do teu amor: quando eu ainda não existia, tu me criaste; quando me desviei para longe de ti, trouxeste-me de volta para que te servisse, e me ordenaste a te amar.

2 Ó fonte eterna de amor, que direi sobre ti?

Como posso te esquecer, se prometeste que te lembrarias de mim mesmo tendo eu dissipado o que tinha de bom e me perdido?

Tu demonstraste misericórdia a teu servo além de todas as expectativas, e me concedeste teu favor e tua generosidade muito além do que eu merecia.

"Como posso retribuir ao Senhor toda a sua bondade para comigo?" (Sl 116.12). Porque não é dado a todos abandonar tudo, renunciar ao mundo e levar uma vida de devoção religiosa.

Haverá algo de assombroso em servir-te, a ti a quem a criação inteira serve naturalmente?

Não devia achar grande coisa te servir, mas é o que me parece, e me parece maravilhoso também que tu tenhas prometido receber no teu serviço alguém tão pobre e indigno, e fazer dele um de teus servos amados.

3 Tudo o que tenho é teu, e por meio de tudo isso eu te sirvo.

No entanto, és tu quem me serves, e não eu a ti.

O céu e a terra que tu criaste para o serviço do homem estão preparados para todos os dias executar o que deles requeres.

Não bastasse isso, envias teus anjos para que ministrem aos homens.

Mas o que excede tudo isso é o fato de que tu mesmo serves ao homem, e prometeste dar-te a ele.

4 Que devo te dar por esses milhares de favores? Meu desejo é te servir todos os dias da minha vida!

Quem dera pudesse fazê-lo, pelo menos um dia, e assim prestar a ti algum serviço digno.

Verdadeiramente tu és digno de todo serviço, de toda honra e louvor eterno.

Verdadeiramente és o meu Senhor, e eu, teu pobre servo, e a ti devo servir com todas as minhas forças, jamais fraquejando no louvor que te é devido.

É o que desejo fazer; sim, esse é meu desejo, e tudo o que estiver faltando em mim, completa, por favor, eu te imploro.

5 É uma grande honra, e uma grande glória, servir-te e desprezar todas as coisas por amor a ti.

Porque grande graça será concedida àqueles que, de boa vontade, se sujeitarem ao teu mais elevado serviço.

Aqueles que, por amor a ti, se desfizerem de todos os prazeres carnais, encontrarão as doces consolações do Espírito Santo.

Terão a mente liberta os que, por amor ao teu nome, procuram o caminho estreito, deixando para trás os cuidados do mundo.

6 Ó imensa doçura e prazer que há no serviço divino, por meio do qual o homem se torna verdadeiramente livre e santo!

Ó santa condição do serviço religioso, que torna o homem igual aos anjos, agradável perante Deus, terrível diante dos demônios e digno de louvor para todos os fiéis!

Ó serviço bem-vindo, sempre desejado, em que somos recompensados com o bem maior e cuja alegria jamais tem fim!

11

Examine e modere os desejos do coração

A voz de Jesus

1 Filho meu, você ainda tem muitas coisas a aprender, coisas que desconhece.

A voz do discípulo

Que coisas são essas, Senhor?

A voz de Jesus

Você precisa aprender a conformar seus desejos de acordo com o que me agrada. Não ame a si mesmo; em vez disso, siga com zelo a minha vontade.

Muitas vezes você se deixa inflamar por anseios e desejos que o levam a agir com veemência, mas será que você em algum momento se detém para refletir se não seria em vantagem própria aquilo que você faz, e não para minha honra?

Se for eu a causa, qualquer coisa que eu lhe peça o deixará satisfeito; se, contudo, houver em você um sentimento oculto de satisfação pessoal, saiba que isso vai perturbá-lo e afligi-lo.

2 Cuide-se, portanto, para que você não se recline demais na direção de algum desejo antecipadamente concebido para o qual não pediu minha orientação. Mais tarde você pode se arrepender, ou se sentir desapontado com aquilo que, no início, lhe causou prazer e a que se dedicou com imenso zelo porque julgava ser o melhor.

Porque nem toda inclinação que parece boa deve ser seguida de imediato, nem os sentimentos com que não simpatizamos devem ser evitados à primeira vista.

Às vezes, é preferível usar de moderação mesmo em se tratando de bons desejos e esforços, para que o excesso de dedicação não acabe por distrair a mente, e também para que sua falta de domínio próprio não seja motivo de escândalo para outros, de modo que eles, resistindo a você e frustrando seus planos, não o deixem subitamente confuso e o façam desfalecer.

3 Às vezes, porém, você deve usar a violência, e resistir bravamente a seu apetite sensual, não se importando com o que a carne deseja ou não. Sofra o que for preciso para que ela, mesmo contra sua vontade, submeta-se ao Espírito.

Assim, ela deve ser castigada e forçada à servidão até que esteja preparada para tudo e aprenda a estar contente com pouco, satisfazendo-se com coisas simples e jamais murmurando contra qualquer inconveniência.

12

Cultive uma alma paciente e combata bravamente a concupiscência

A voz do discípulo

1 Ó Senhor meu Deus, como eu preciso ter paciência! São tantas as adversidades que nos sucedem na vida!

Por mais que eu formule planos para viver em paz, não faltam guerras e sofrimento na minha vida.

A voz de Jesus

É verdade, filho meu. Minha vontade, porém, não é que você busque uma paz isenta de tentações, ou que você não passe por nenhuma adversidade. Em vez disso, saiba que terá encontrado paz quando tiver se exercitado em várias tribulações e passado por inúmeras adversidades.

2 Se você disser que não suporta sofrer demais, como irá suportar o fogo que virá mais adiante?

Entre dois males, escolhe-se sempre o menor.

Para evitar, portanto, o castigo eterno futuro, esforce-se para suportar pacientemente os males atuais por amor a Deus.

Você acha que neste mundo os homens sofrem só um pouco? Pergunte até para quem desfruta dos maiores prazeres, e você verá que não é bem assim.

Todavia, você me dirá que eles desfrutam de muitos prazeres, seguem sua vontade e, portanto, não ficam pensando demais em suas aflições.

Digamos que seja isso mesmo, isto é, que eles têm tudo o que desejam; mas quanto tempo você acha que isso dura?

3 Pois saiba que as riquezas deste mundo desaparecerão como fumaça, e não haverá lembrança de suas alegrias passadas!

Sim, enquanto vivem, desfrutam delas, mas não sem amargura, cansaço e temor.

Porque da mesma coisa em que imaginam estar seu prazer, muitas vezes eles recebem a dor que os castiga.

É justo, portanto, que, tendo buscado desordenadamente vários prazeres, deles desfrutem em meio à vergonha e à amargura.

4 Ah, como são breves, falsos, desordenados e imundos todos esses prazeres!

Mas tão bêbados e cegos são os homens que eles não entendem. E assim, como animais irracionais, por causa de um pouco de divertimento nesta vida corruptível, põem a alma a perder.

Portanto, meu filho, "não se deixe levar por suas paixões e refreie os seus desejos" (Eclo 18.30, BJ). "Deleite-se no SENHOR, e ele atenderá aos desejos do seu coração" (Sl 37.4).

5 Porque, se você deseja prazer verdadeiro e anseia ser plenamente consolado por mim, despreze as coisas terrenas e afaste-se de todos os prazeres, e você será abençoado e terá grande consolação.

Quanto mais você se afastar do conforto das criaturas, tanto mais doces e poderosas consolações encontrará em mim.

Essas consolações, porém, só serão conquistadas à custa de muita tristeza e de conflitos intensos.

Velhos hábitos arraigados vão opor resistência. Vença-os com hábitos melhores.

A carne vai se queixar, mas você a dominará com fervor espiritual.

A antiga serpente o incitará e lhe causará problemas, mas pela oração ela fugirá, e mediante seu esforço não terá mais acesso a você.

13

Obedeça em humilde sujeição, conforme o exemplo de Cristo

A voz de Jesus

1 Filho meu, aquele que se afasta da obediência, afasta-se também da graça; e quem busca para si privilégios especiais, perde os que são comuns a todos.

Aquele que não se submete alegre e livremente a seu superior mostra que sua carne ainda não lhe obedece completamente, mas resiste e murmura contra ele.

Aprenda depressa, portanto, a se submeter a seu superior, se quiser conservar a carne sob controle.

Porque mais rapidamente se vence o inimigo externo quando o homem interior não se encontra destruído.

Não há inimigo pior, nem mais preocupante para a alma, do que o homem para si mesmo, caso não esteja em harmonia com o Espírito.

É absolutamente importante que você sinta verdadeiro desprezo por si mesmo, se quiser vencer a carne e o sangue.

2 Isso porque, por enquanto, você ama a si mesmo de maneira desordenada, e por isso tem medo de renunciar-se totalmente à vontade de outros.

E, no entanto, que grande coisa esta: você, que não passa de pó e nada é, sujeitar-se a um homem por amor a Deus, quando eu, o Todo-poderoso e Altíssimo, que criou tudo do nada, humildemente me sujeitei ao homem por amor a você.

Tornei-me o mais humilde de todos os homens e o mais abjeto entre eles, para que você pudesse vencer seu orgulho com minha humildade.

Ó pó, aprenda a obedecer. Aprenda a se humilhar, você que é terra e barro, aprenda a se curvar aos pés de todos os homens.

Aprenda a dobrar sua vontade e a se entregar a toda sujeição.

3 Trate a si mesmo com grande indignação e não dê lugar ao orgulho. Seja tão humilde, e tão pequeno, que todos possam pisá-lo como pisam a lama da rua. Homem fútil, do que você se queixa?

O que diz você, pecador imundo, àqueles que o censuram, você que tanto ofendeu a Deus e tantas vezes mereceu o inferno?

Meus olhos, porém, o pouparam, porque sua alma era preciosa para mim, e assim você conheceria meu amor e seria sempre grato pelos favores que lhe concedi.

E, também, para que você prosseguisse sempre em verdadeira sujeição e humildade, suportando pacientemente todo e qualquer desprezo que lhe fosse impingido.

14
Em vista dos juízos secretos de Deus, não devemos nos considerar importantes, achando que há algo de bom em nós

A voz do discípulo

1 Teus juízos, ó Senhor, trovejam sobre mim, e sacodem todos os meus ossos com temor e tremor, e minha alma fica tomada de grande medo.

Estou perplexo. Lembro que "nem os céus são puros aos teus olhos" (Jó 15.15).

"Se vê erros em seus anjos e os acusas" (Jó 4.18), e nem a eles poupaste, que será de mim?

Até estrelas caíram do céu; que posso esperar eu que não passo de pó?

Aqueles cujas obras parecem louváveis caíram em profunda infelicidade; e "os homens que comeram o pão dos anjos" (Sl 78.25) vi deliciarem-se com as cascas dos porcos.

2 Não há, portanto, santidade nenhuma se tu, ó Senhor, retiras tua mão.

Não há sabedoria, se tu cessas de nos governar.

Não há coragem que ajude, se tu não nos preservas.

Nenhuma castidade é segura, se tu não a proteges.

Não há nada que nos vigie, se não fores tu nosso sagrado guardião.

Porque, se formos deixados por nossa própria conta, afundamos e perecemos; mas, se somos visitados por ti, reerguemo-nos e vivemos.

Somos instáveis, mas por ti somos confirmados: esfriamos, mas por ti somos inflamados.

3 Ah, com que humildade e moderação eu deveria sempre pensar de mim mesmo, e considerar como nada o bem que julgo possuir!

Com quão profunda humildade devo me submeter a teus julgamentos insondáveis, ó Senhor, porque diante deles vejo que nada sou, nada mesmo!

Ó peso imponderável! Ó mar que ninguém pode transpor, onde não descubro coisa alguma de mim mesmo, absolutamente nada!

Onde está, então, esse lugar oculto de glória? Onde está a confiança que nasce da virtude?

Toda glória vã é absorvida pelas profundezas dos teus juízos sobre mim.

4 Que é o homem aos teus olhos?

Pode o barro se gloriar contra aquele que o formou?

Como pode se encher de palavras vãs aquele cujo coração se submete verdadeiramente a Deus?

Nem mesmo o mundo inteiro poderá abalar aquele que se submeteu à verdade; nem se deixará levar por elogios aquele que depositou firmemente sua esperança em Deus.

Porque quem elogia não é ninguém, e passará juntamente com o som de suas palavras, mas a verdade do Senhor permanece para sempre.

15

Como reagir, e o que dizer, em face de tudo quanto desejamos

A voz de Jesus

1 Filho meu, em tudo diga sempre assim: "Senhor, se quiseres assim, assim seja.

"Senhor, se for para tua honra, em teu nome assim seja.

"Senhor, se achas isso bom, e consideras proveitoso para mim, permite então que eu use isso para tua honra.

"Mas se sabes que serei prejudicado, e que não haverá proveito nenhum para a saúde da minha alma, afasta de mim todo desejo desse tipo".

Porque nem todo desejo provém do Espírito Santo, embora pareça correto e bom ao homem.

É realmente difícil dizer se é um espírito bom ou mau que o leva a desejar isso ou aquilo; ou se é pelo teu próprio espírito que te sentes impelido a desejar tal coisa.

No fim, muitos foram enganados, embora parecessem ser conduzidos por um espírito bom.

2 Portanto, o que vier à mente em forma de desejo deve ser sempre desejado e ser objeto de oração no temor de Deus e humildade de coração. Acima de tudo você deve entregar a mim tudo o que se passa, renunciando a si mesmo. Diga:

"Ó Senhor, tu sabes o que é melhor para nós; que seja então como quiseres.

"Dá-me o que desejares, e quanto e quando desejares.

"Trata-me da maneira que achares melhor, como mais te agradar, para tua máxima honra.

"Coloca-me onde quiseres, e em tudo lida comigo como te aprouver.

"Estou em tuas mãos: leva-me para onde quiseres, e traze-me de volta pelo caminho que te agrada.

"Eis o teu servo, preparado para todas as coisas, porque não desejo viver para mim mesmo, mas para ti, e como gostaria de fazê-lo com dignidade e perfeição!".

Oração para que a vontade de Deus seja feita

3 Ó Jesus tão cheio de misericórdia, dá-me tua graça, e que ela esteja comigo e opere em mim e comigo permaneça até o fim.

Concede que eu possa sempre desejar e almejar o que for mais aceitável e agradável a ti.

Teu desejo seja também o meu; que meu desejo acompanhe sempre o teu e esteja sempre de acordo com ele.

Que minha disposição, ou falta de disposição, esteja em sintonia com a tua. Não permitas que eu deseje ou deixe de desejar qualquer outra coisa que tu não desejas ou deixas de desejar.

4 Permite que eu morra para todas as coisas que estão no mundo e, por amor a ti, seja eu desprezado e ignorado neste mundo.

Concede-me, acima de tudo o que pode ser desejado, o descanso em ti, e em ti descanse meu coração.

Tu és a verdadeira paz do coração; és seu único descanso; fora de ti, tudo é árido e não há tranquilidade. Nesta paz, isto é, em ti, Bem eterno supremo, dormirei e descansarei. Amém.

16
Busque o verdadeiro conforto somente em Deus

A voz do discípulo

1 Tudo o que eu possa desejar ou imaginar para meu conforto, não procuro aqui, e sim no porvir.

Porque se tivesse todas as consolações do mundo, e desfrutasse de todos os seus prazeres, certamente não durariam por muito tempo.

Portanto, ó minha alma, você não pode ter pleno conforto nem refrigério perfeito senão em Deus, o consolador do pobre e benfeitor do humilde.

Espere um pouco, ó minha alma, espere pela divina promessa, e terá plenitude de todas as coisas boas no céu.

Se você desejar desordenadamente as coisas do presente, perderá o que é celestial e eterno.

Use as coisas temporais, mas deseje as que são eternas.

Você não pode se satisfazer com bens temporais, porque não foi criada para desfrutar deles.

2 Embora possa possuir todo bem criado, ele não pode satisfazer ou abençoar você. Em Deus, porém, que criou todas as coisas, consiste sua bem-aventurança e felicidade, não como entendida e recomendada pelos amantes tolos do mundo, mas como esperam os servos bons e fiéis de Cristo, conforme previram em algum momento aqueles espirituais e puros de coração que se entretêm conversando sobre o céu.

Todo conforto humano é inútil e breve.

Bendito e verdadeiro é o conforto que a verdade nos transmite interiormente.

O homem devoto leva consigo por toda parte o Consolador, Jesus, e diz a ele: "Sê tu presente comigo, ó Senhor Jesus, em toda parte e a todo momento.

"Seja esta minha consolação: passar alegremente sem a consolação humana.

"E, se me faltar tua consolação, que tua vontade e teu justo juízo me sobrevenham como conforto maior, porque tua ira não durará para sempre, nem ameaçarás continuamente".

17
Levemos a Deus todas as nossas ansiedades

A voz de Jesus

1 Filho meu, permita que eu faça com você o que me agrada. Sei o que é melhor para sua vida.

Você pensa como homem, por isso avalia as coisas de acordo com seus sentimentos.

A voz do discípulo

Ó Senhor, o que dizes é verdade. Tua preocupação por minha causa é maior do que todo cuidado que eu possa ter para comigo mesmo.

Aquele que não lança sobre ti seu cuidado não possui firmeza nenhuma.

Ó Senhor, queria que minha vontade permanecesse justa e firme em ti. Faze comigo o que achares melhor.

Porque o que tens para mim só pode ser bom.

2 Se for teu desejo que eu permaneça nas trevas, bendito sejas tu; se teu desejo for que eu permaneça na luz, bendito sejas novamente. Se me consolares, bendito sejas; se for teu desejo que eu me aflija, ainda assim serás bendito.

A voz de Jesus

Filho meu, assim você deve agir, se deseja caminhar comigo.

Você tem de estar pronto para sofrer e também para se alegrar.

Alegre-se nada tendo na pobreza, ou tendo tudo na riqueza.

A voz do discípulo
3 Ó Senhor, por tua causa, sofrerei alegremente, seja o que for que me aconteça com tua permissão.

De tuas mãos quero receber seja o bem, seja o mal, o doce e o amargo, a alegria e a tristeza, e por tudo o que me sobrevier serei grato.

Guarda-me de todo pecado, e não terei medo da morte nem do inferno.

Pois se não me expulsas para sempre da tua presença, nem me apagas do livro da vida, qualquer tribulação que me sobrevenha não me prejudicará.

18

Suporte as infelicidades presentes com paciência, conforme o exemplo de Cristo

A voz de Jesus
1 Filho meu, desci do céu para salvá-lo. Tomei sobre mim suas infelicidades, mas não foi a necessidade que me moveu, e sim a caridade, para que você aprendesse a ter paciência e pudesse suportar as infelicidades temporais sem rancor.

Desde o momento de meu nascimento até a morte na cruz, não passei sequer um instante sem sofrimento.

Tive falta de muitas coisas temporais. Ouvi sempre muitas queixas contra mim. Suportei docilmente vergonhas e insultos. Em troca de benefícios, recebi ingratidão; pelos milagres que fiz, obtive blasfêmias, e, pela doutrina celestial, ganhei críticas.

A voz do discípulo
2 Ó Senhor, porque foste paciente em tua vida, cumprindo aqui o mandamento de teu Pai, é que eu, infeliz pecador, devo me comportar pacientemente de acordo com tua vontade, e pelo bem de minha alma suportar o fardo desta vida corruptível enquanto for do teu agrado que assim seja.

Porque, embora a presente vida tenha muitos fardos, é por tua graça que ela se torna proveitosa, e pelo teu exemplo e pelas pegadas dos santos que ela se torna mais compreensível e suportável para os fracos.

É também muito mais cheia de consolações do que era sob a antiga lei, quando o portão do céu se mantinha fechado, e o caminho até ele parecia também mais obscuro, quando tão poucos se preocupavam em buscar o reino dos céus.

Além disso, aqueles que eram justos, e por isso deviam ser salvos, não podiam entrar no reino celestial antes de tua Paixão e do pagamento de nossa dívida por meio de tua santa morte.

3 Quantas graças devo render a ti, porque quiseste mostrar a mim e a todos os fiéis o caminho do bem e da justiça que conduz a teu reino eterno!

Porque tua vida é nosso caminho, e por meio de santa paciência caminhamos na tua direção, que és nossa coroa.

Se não tivesses vindo até nós e nos ensinado, quem se importaria em seguir teu caminho?

Ah, quantos não ficariam para trás e distantes, se não levassem em conta teu nobilíssimo exemplo?

E se ainda assim continuamos indiferentes, embora tenhamos ouvido tantas doutrinas e visto tantos milagres, o que seria de nós se não tivéssemos luz tão grandiosa para te seguir?

19
Suporte as calúnias e dê provas da verdadeira paciência

A voz de Jesus

1 Que é isso que você está dizendo, filho meu? Pare de se queixar e pense na minha Paixão e nos sofrimentos de outras pessoas santas.

"Você ainda não resistiu até o ponto de derramar o próprio sangue" (Hb 12.4).

É pouco o que você sofreu em comparação com quem sofreu tanto, que passou por tantas tentações, amargou inúmeras aflições e foi tentado e provado de diversas maneiras.

Lembre-se sempre, portanto, do sofrimento por que outros passaram, para que você possa suportar mais facilmente os pequenos problemas que o incomodam.

E, se não lhe parecem pequenos, cuidado para que a impaciência não seja a causa deles.

Contudo, sejam eles grandes ou pequenos, esforce-se pacientemente para suportá-los.

2 Quanto mais você se dispuser a sofrer, tanto mais sabiamente agirá, e tanto maior recompensa receberá. Também será mais fácil suportar o sofrimento, se tanto na mente e nos costumes você estiver preparado com diligência para isso.

Não diga: "Não suporto tanto sofrimento nas mãos daquele homem. Não me conformo em ter de sofrer esse tipo de coisa. Aquele homem me fez muito mal e me culpa de coisas que jamais ocuparam meu pensamento. Posso, porém, sofrer nas mãos de outro, e também por causa de coisas que admito ter de sofrer".

Pensar assim é tolice, porque não leva em conta a virtude da paciência nem aquele que haverá de coroá-la; antes, se fixa exageradamente nas pessoas e nas ofensas cometidas.

3 Não é paciente de verdade quem sofre só o que acha que deve sofrer, e da parte de quem quer.

Mas o homem paciente de verdade não se importa da parte de quem vem o sofrimento, se lhe é causado por seu superior, por um de seus iguais, ou um inferior; se por um homem bom e santo, ou por alguém perverso e indigno.

Não importa da parte de quem, nem em que medida ou com que frequência as coisas lhe sobrevenham, ele é grato e as recebe como da mão de Deus, tendo-as em grande conta.

Para Deus é impossível que qualquer coisa, por menor que seja, se a suportarmos por amor a ele, fique sem a devida recompensa.

4 Esteja sempre preparado para a luta, se deseja sair vitorioso.

Sem luta não é possível que você receba a coroa da paciência.

Se você não está disposto a sofrer, não receberá a coroa. Se, porém, quiser ser coroado, lute corajosamente e suporte com paciência.

Sem trabalho não há repouso, e sem luta não há vitória.

A voz do discípulo

Ó Senhor, que eu alcance isso pela tua graça, já que pela minha natureza parece impossível para mim.

Tu sabes que é pouco o que estou disposto a sofrer, e que bem depressa desfaleço diante da menor adversidade.

Por amor ao teu nome, que toda tribulação se torne desejável para mim, porque sofrer e me inquietar por amor a ti faz bem à minha alma.

20

Confissão das fraquezas e tristezas da vida

A voz do discípulo

1 Confessarei minhas transgressões, confessarei minhas fraquezas diante de ti, ó Senhor.

Muitas vezes é uma coisa pequena que me deixa triste e atribulado.

Estou decidido a agir com coragem, mas, quando me vem a menor das tentações, vejo-me subitamente em grande apuro.

Às vezes, uma grande tentação provém de algo insignificante.

Quando me julgo razoavelmente seguro, e quando menos espero, vejo-me quase totalmente vencido e sem fôlego.

2 Senhor, minha condição miserável e minha fragilidade estão todas expostas diante de ti.

Tem misericórdia de mim e livra-me da lama, para que eu não me afunde nela e não seja para sempre banido.

Isto é o que tantas vezes me faz recuar e me deixa confuso diante de ti: o fato de eu ser tão propenso a cair e frágil para resistir às paixões.

Embora eu não permita totalmente, os ataques constantes das paixões me inquietam e me deixam triste, e é muito desagradável viver nesse conflito todos os dias.

Desse modo, minha fraqueza se torna conhecida diante de mim pelo fato de que essas ideias odiosas me sobrevêm com muito mais facilidade à mente do que dela se apartam.

3 Ó Deus poderosíssimo de Israel, tu, amante zeloso das almas fiéis! Oh, vê o trabalho e o cansaço do teu servo e ajuda-o em todas as coisas que ele fizer!

Fortalece-me com a coragem celestial, para que o homem velho, a carne infeliz, ainda não totalmente submissa ao espírito, não prevaleça e assuma o controle. Contra isso terei de lutar enquanto houver fôlego nesta minha vida desprezível.

Que tipo de vida é esta, em que infelicidade e tribulação jamais desaparecem, onde há tantas armadilhas e inimigos!

Porque, quando uma tribulação ou tentação se vai, outra aparece; sim, e enquanto o primeiro conflito persiste, muitos outros se sucedem.

4 Como amar uma vida em que há tanta amargura e está sujeita a tantas calamidades e tristezas?

Como se pode chamar de vida algo em que há tantas mortes e pragas?

E, no entanto, ela é objeto do amor dos homens, e nela muitos procuram se deliciar.

O mundo é muitas vezes acusado de ser enganoso e vão; ainda assim o homem não se desliga facilmente dele, porque os desejos da carne têm grande poder.

Algumas coisas nos levam a amar o mundo; outras, a desprezá-lo.

A lascívia da carne e dos olhos e a soberba da vida nos levam a amar o mundo; mas o sofrimento e as tristezas que acompanham essas coisas nos levam a odiar o mundo e suas abominações.

5 Infelizmente, o gosto pelas coisas malignas vence a mente daquele que se deixa seduzir pelo mundo, a tal ponto que ele considera um prazer estar no meio de espinhos, porque não viu nem saboreou a doçura divina e a suavidade interior da virtude.

Aqueles, porém, que desprezam totalmente o mundo, e procuram viver diante de Deus em santa disciplina, estes não ignoram a doçura divina prometida aos que, de fato, abandonam o mundo. Veem também com muita clareza quanto o mundo está equivocado e, sob tantos aspectos, redondamente enganado.

21

Devemos descansar em Deus mais do que em todas as coisas boas, e acima de suas próprias dádivas

A voz do discípulo

1 Acima de todas as coisas, e em tudo, ó minha alma, descanse para sempre no Senhor, porque ele é o descanso eterno dos santos.

Concede-me, ó dulcíssimo e amabilíssimo Jesus, descansar em ti acima de todas as criaturas, acima de toda saúde e beleza, acima de toda glória e honra, acima de todo poder e dignidade, acima de todo conhecimento e sutileza, acima de todas as riquezas e artes, acima de toda alegria e felicidade, acima de toda fama e louvor, acima de toda doçura e consolo, acima de toda esperança e promessa, acima de todo mérito e desejo.

Acima de todas as dádivas e presentes que podes nos dar e conceder, acima do júbilo e da alegria que a mente do homem pode receber e sentir.

Por fim, acima dos anjos e arcanjos, acima de toda a hoste celestial, de tudo o que é visível e invisível, e acima de tudo que não és tu, ó meu Deus.

2 Porque tu, ó Senhor meu Deus, és o bem supremo acima de tudo; tu somente és o altíssimo, tu somente o poderosíssimo, tu somente o completíssimo e suficientíssimo, tu somente o suavíssimo e o mais pleno de consolação.

Tu somente és belíssimo e amorosíssimo, tu somente o nobilíssimo e gloriosíssimo acima de todas as coisas, em quem todas as boas coisas juntas são perfeitas, sempre foram e sempre serão.

Portanto, é pouco demais, e insatisfatório, o que me concedes além de ti mesmo, ou o que revelas a mim de ti, ou aquilo que prometes, se não te mostrares e não fores plenamente acolhido.

Porque meu coração certamente não repousará, nem será plenamente satisfeito, a menos que descanse em ti e transcenda todas as dádivas e criaturas, sejam elas quais forem.

3 Ó tu, amado esposo de minha alma, Jesus Cristo, tu, amante puríssimo, tu, Senhor de toda a criação. Ah, queria tanto ter as asas da verdadeira liberdade, para voar e descansar em ti!

Ah, quando me será permitido contemplar no silêncio da minha mente e ver quanto és doce, meu Senhor Deus?

Quando me recolherei totalmente em ti, e por causa do meu amor por ti não sentir a mim mesmo, mas somente a ti, além de todo sentido e medida, de um modo que poucos conhecem?

Agora, porém, muitas vezes suspiro e suporto minha infelicidade com pesar.

Porque são muitos os males que nos sobrevêm neste abismo de infelicidades que tantas vezes me atormentam e me afligem e me cobrem com uma nuvem; tantas vezes perturbando e distraindo, seduzindo e envolvendo, de modo que eu não tenha acesso a ti, nem desfrute das doces carícias sempre reservadas aos espíritos abençoados.

Que meus suspiros e a múltipla desolação desta terra te comovam.

4 Ó Jesus, brilho da glória eterna, tu, conforto de minha alma peregrina, em ti cessa a voz na minha boca, e o silêncio fala a ti.

Quanto tempo demorará a vir meu Senhor?

Que ele venha a mim, seu servo pobre e desprezado, e que ele me dê alegria. Que estenda sua mão e salve um pobre miserável de toda angústia.

Vem, ó vem, porque sem ti não terei nem dia nem hora alegre, porque tu és minha alegria, e sem ti minha mesa está vazia.

Miserável criatura que sou, aprisionado e algemado até que me venha o refrigério pela luz da tua presença, e me conceda liberdade, e mostre a mim teu semblante amigo.

5 Que outros busquem o que lhes agrada em vez de ti; quanto a mim, nada poderá me alegrar, senão tu, meu Deus, minha esperança, minha salvação eterna.

Não ficarei em paz, nem deixarei de orar, até que tua graça volte a mim e tu me fales ao coração, dizendo:

"Eis que estou aqui. Eis que venho a você, porque você me chamou. Suas lágrimas e o desejo de sua alma, sua humilhação e contrição de coração se inclinaram em minha direção e me levaram a você".

E eu disse: "Senhor, eu te invoquei, quis desfrutar-te, dispondo-me a recusar tudo por ti.

"Porque primeiro me tocaste, para que eu te buscasse.

"Bendito sejas tu, ó Senhor, que mostraste tal bondade a teu servo, conforme a multidão das tuas misericórdias".

6 Que mais tem a dizer teu servo diante de ti? Resta-lhe apenas humilhar-se grandemente perante teus olhos, sempre ciente de sua iniquidade e vileza.

Porque não há outro semelhante a ti em tudo quanto há de maravilhoso no céu e na terra.

Tuas obras são excelentes, teus juízos verdadeiros, e por tua providência o universo é governado.

Louvor e glória, portanto, ao teu nome. Ó Sabedoria do Pai, que minha boca, minha alma e todas as criaturas a uma só voz te louvem e te bendigam.

22
Lembre-se dos muitos benefícios de Deus

A voz do discípulo

1 Abre, ó Senhor, meu coração à tua lei, e ensina-me a andar em teus mandamentos.

Permite que eu compreenda tua vontade, e com grande reverência e diligente consideração me lembre de teus benefícios, nas pequenas e nas grandes coisas, para que eu possa sempre te dar graças dignamente.

Sei, porém, e confesso, que não sou capaz, nem sequer nas mínimas coisas, de te agradecer devidamente pelos benefícios que tens concedido a mim.

Sou menor do que o menor de todos os teus benefícios. Quando penso na tua nobre generosidade, tua grandeza me faz esvair o espírito.

2 Tudo o que temos na alma e no corpo, e tudo o que possuímos por dentro ou por fora, de modo natural ou sobrenatural, são teus benefícios que falam de ti generosamente, com misericórdia e bondade, pois de ti recebemos todas as boas coisas.

Embora uns tenham recebido mais, outros menos, mesmo assim tudo vem de ti, e sem ti não se pode ter nem mesmo a menor das bênçãos.

Aquele que recebeu mais não pode se gloriar em seu próprio mérito, nem se exaltar acima dos demais, nem insultar o menor, porque é maior e melhor quem atribui menos a si mesmo, e é também o mais humilde e devoto ao dar graças.

Aquele que se considera o pior de todos os homens, e se julga o mais indigno, está pronto para receber a maior das bênçãos.

3 Mas aquele que recebeu menos não deve invejar os que foram enriquecidos com maior depósito. Em vez disso, deve se voltar para ti e louvar altivamente tua bondade, porque concedes teus dons tão generosamente, tão livremente e com tamanha boa vontade, sem distinção de pessoas.

Todas as coisas procedem de ti e, por isso, em todas as coisas serás louvado.

Tu sabes o que deves conceder a todos, e por que esse homem tem menos e aquele mais. Não nos cabe julgar, porque sabes perfeitamente o que é mais apropriado para cada um.

4 Ó Senhor Deus, considero grande misericórdia da tua parte não possuir muito daquilo que, externamente, e na opinião dos homens, parece digno de glória e de aplauso. Porque quem reflete sobre sua pobreza e indignidade não deve ficar triste nem amargurado, e também não deve se sentir humilhado por isso, porque tu, ó Deus, escolheste os pobres e humildes e os desprezados deste mundo para ti por tua família e por teus amigos mais íntimos.

São tuas testemunhas os apóstolos, a quem constituíste príncipes sobre toda a terra.

E, no entanto, eles viveram neste mundo sem se queixar, humildes e simples, sem malícia e sem engano, de tal forma que se alegravam quando eram criticados por teu nome, e o que o mundo desprezava, eles recebiam com grande afeição.

5 Portanto, quando um homem te ama e reconhece tuas bênçãos, nada o alegra mais do que tua vontade na vida dele e o prazer de desfrutar teu decreto eterno.

E assim ele deve estar de tal modo contente e consolado que de bom grado se coloca em último lugar, enquanto outros desejam lugares de destaque.

Ele se sente em paz e contente tanto no último lugar quanto no primeiro, disposto a ser desprezado e despojado de seu nome e caráter, não se importando de que outros sejam maiores no mundo e preferidos em honra.

Porque tua vontade e o amor à tua glória devem ser preferidos a todas as coisas, dando ao homem maior conforto, agradando-lhe mais do que todos os benefícios que ele tenha recebido ou possa receber.

23

Quatro coisas que produzem grande paz interior

A voz de Jesus

1 Filho meu, ensinarei a você o caminho da paz e da verdadeira liberdade.

A voz do discípulo

Ó Senhor, eu te suplico, faze como dizes, porque sinto grande prazer em ouvir.

A voz de Jesus

Esforce-se, meu filho, para fazer a vontade alheia, e não a sua.

Escolha sempre ter menos do que mais.

Procure sempre o lugar mais humilde, e ser inferior a todos.

Queira sempre, e ore, para que a vontade de Deus se cumpra plenamente em você.

Assim é o homem que encontrará paz e descanso.

A voz do discípulo

2 Ó Senhor, essas palavras tão breves trazem consigo grande perfeição.

São poucas palavras, mas cheias de significado e repletas de frutos.

Se eu as observar fielmente, não serei facilmente abalado.

Sempre que me sinto inquieto e incomodado, é porque me desviei dessa doutrina.

Mas tu, que podes todas as coisas, e que aprecias enriquecer minha alma, aumenta em mim tua graça, para que eu realize tuas obras e desenvolva minha salvação.

Oração contra os maus pensamentos

3 “Não fiques longe de mim, ó Deus; ó meu Deus, apressa-te em ajudar-me” (Sl 71.12), porque inúmeros maus pensamentos se insurgiram contra mim, e minha alma se vê tomada de grandes temores.

Como poderei passar por tudo isso sem me ferir? Como romper sua influência?

“Eu irei diante de ti”, disse ele, “e humilharei os grandes da terra; abrirei as portas da prisão e revelarei a ti segredos ocultos.”

Faze, Senhor, conforme dizes, e que todos os meus pensamentos maus desapareçam diante de tua face.

Esta é minha esperança, minha única consolação: correr para ti em toda tribulação, confiar em ti, invocar-te de coração e esperar pacientemente pelo teu conforto.

Oração pela iluminação da mente

4 Ó misericordioso Jesus, ilumina-me com uma luz interior brilhante e expulsa as trevas, para que não habitem meu coração.

Refreia meus inúmeros pensamentos errantes e destrói as tentações que me sobrevêm tão violentas.

Luta bravamente por mim e domina as feras do maligno, que são os desejos sedutores da carne, para que pelo teu poder eu tenha paz, e teu louvor perene ressoe em teu átrio santo, isto é, numa consciência pura.

Comanda os ventos e as tempestades, dize ao mar: “Aquieta-te”, e ao vento do norte: “Não sopre”, e haverá grande calma.

5 Envia tua luz e tua verdade, e que elas brilhem sobre a face da terra, porque, enquanto não me iluminares, serei apenas terra sem forma e vazia.

Derrama do alto tua graça, enche meu coração com orvalho celestial, concede correntes frescas de devoção para molhar a face da terra, para que ela produza fruto bom e excelente.

Liberta minha mente tão oprimida por pecados, e dirige meu desejo para as coisas celestiais, de modo que, depois de experimentar a doçura da felicidade divina, seja estranho para mim pensar nas coisas terrenas.

6 Afasta-me e liberta-me de toda consolação transitória das criaturas, porque nada que tenha sido criado pode dar pleno conforto e descanso aos meus desejos.

Una-me contigo num laço inseparável de amor, porque tu somente satisfazes aquele que te ama, e sem ti tudo é vão e frívolo.

24

Evite a inquirição curiosa sobre a vida alheia

A voz de Jesus

1 Filho meu, não seja curioso, não se ocupe de cuidados inúteis.

Que importa isso ou aquilo? Siga-me.

Que lhe importa se tal homem é fulano ou sicrano, ou se ele fala assim ou assado?

Você não tem de responder por terceiros, só por você mesmo. Então por que se deixa enredar por essas coisas?

Eu conheço a todos, vejo tudo quanto é feito debaixo do sol, por isso sei também o que se passa com as pessoas, como elas pensam, o que desejam, e quais são suas intenções.

Portanto, submeta a mim todas as coisas e, quanto a você, fique em paz, e deixe que os inquietos se inquietem quanto quiserem.

Tudo o que tiverem feito ou dito se voltará contra eles mesmos, porque não podem me enganar.

2 Não deseje partilhar da influência de um nome importante, nem procure ter intimidade com muitos, e não queira nutrir amizade particular por determinadas pessoas.

Todas essas coisas distraem e obscurecem o coração.

De bom grado comunico minha palavra e revelo meus segredos a você; basta para isso que esteja atento à minha vinda e abra a porta de seu coração.

Seja prudente e zeloso na oração, humilhando-se em todas as coisas.

25

Em que consistem a paz inabalável no coração e o verdadeiro progresso espiritual

A voz de Jesus

1 Filho meu, eu disse: "Deixo-lhes a paz; a minha paz lhes dou. Não a dou como o mundo a dá" (Jo 14.27).

Paz é o que todos desejam, mas nem todos dão atenção às coisas que contribuem para a paz verdadeira.

Minha paz está com os humildes e os mansos de coração. Na muita paciência estará a sua paz.

Se você me ouvir e seguir minha voz, desfrutará de muita paz.

A voz do discípulo

Que devo fazer então, Senhor?

A voz de Jesus

Preste muita atenção em tudo o que você faz, em tudo quanto diz, e dirija sua atenção para um fim apenas: agradar somente a mim, e não desejar ou buscar outra coisa que não seja eu.

Com relação às palavras ou ações dos outros, nada julgue precipitadamente, e não se envolva com coisas que não lhe dizem respeito. Se você fizer o que lhe digo, poucas ou raras vezes se inquietará.

2 Não cabe a esta vida, porém, jamais sentir incômodos e nunca passar por problemas espirituais ou físicos. Tais coisas pertencem à eternidade.

Por isso, não pense que encontrou paz verdadeira se não sente fardo nenhum que o incomode, nem imagine que tudo esteja bem na ausência de adversários. Não pense também que "tudo vai bem" se tudo acontece conforme o seu desejo.

Não tenha a si mesmo em alta conta, nem se considere especialmente amado se você se sente cheio de devoção e doçura. Não é por meio dessas coisas que se conhece aquele que realmente ama a virtude, nem consiste nesses sinais o progresso e a perfeição de um homem.

A voz do discípulo
3 Que devo fazer, então, ó Senhor?

A voz de Jesus
Entregar-se a si mesmo de todo o coração à vontade divina, jamais buscando seu próprio interesse, seja em grandes ou pequenas coisas, agora ou na eternidade.

Por isso, conserve sempre o mesmo semblante, com ações de graças, tanto na prosperidade quanto na adversidade, pesando todas as coisas com igual equilíbrio.

Tenha coragem e paciência na esperança, para que, quando não houver mais conforto interior, você possa preparar o coração para suportar coisas ainda maiores. Não se justifique, como se não devesse passar por tais aflições, por maiores que sejam, mas reconheça minha presença em tudo quanto eu proporcionar, louvando sempre meu santo nome.

Então você andará no caminho verdadeiro e justo e terá a firme esperança de que verá minha face novamente com grande prazer.

Porque, se você se desprezar por inteiro, saiba que terá paz em plenitude, tanto quanto for possível nesta sua peregrinação.

26

A importância da mente livre, à qual se chega antes pela oração humilde do que pela leitura

A voz do discípulo
1 Ó Senhor, é obra do homem perfeito jamais permitir que sua mente se desvie do pensamento voltado para as coisas celestiais,

e assim passar por muitos cuidados sem nenhum cuidado, por assim dizer, não como alguém destituído de sentimento, mas movido pela prerrogativa de uma mente livre, jamais se apegando com afeição desordenada a criatura nenhuma.

2 Eu te imploro, ó meu graciosíssimo Deus, que me preserves dos cuidados desta vida, para que eu não me deixe enredar demais por eles. Livra-me também das inúmeras necessidades do corpo, para que eu não seja cativado pelo prazer, e de todo e qualquer obstáculo à alma, para que eu não seja sufocado pelos problemas e venha a desfalecer.

Não me refiro àquelas coisas que a vaidade do mundo tanto cobiça, e sim àquelas infelicidades que, como castigos e acontecimentos comuns da vida mortal, perturbam e oprimem a alma dos teus servos, de tal modo que ela fica impedida de entrar na liberdade do espírito com tanta frequência quanto gostaria.

3 Ó meu Deus, tu, doçura inefável, converte em amargura todo conforto carnal, que me afasta do amor pelas coisas eternas e, de modo malévolo, me seduz a ir ao seu encontro, pondo diante de mim algum prazer momentâneo.

Não permitas que eu seja vencido, ó Senhor, não deixes que carne e sangue me vençam, não permitas que o mundo e sua glória efêmera me enganem. Não permitas que o diabo me derrube com suas artimanhas sutis.

Dá-me forças para resistir, paciência para suportar e constância para perseverar.

Dá-me, em vez dos confortos do mundo, o dulcíssimo bálsamo do teu Espírito e, em vez do amor carnal, põe em mim amor pelo teu nome.

4 Ora, carnes, bebidas, roupas e outras coisas necessárias para a manutenção do corpo são um fardo para o espírito fervoroso.

Permite-me usar tais superficialidades com moderação, livrando-me do desejo excessivo de possuí-las.

Não é lícito desprezar todas as coisas, porque a natureza requer sustento, mas desejar o que é superficial e coisas que visam apenas o prazer a lei santa nos proíbe, pois assim a carne se rebelaria contra o espírito. Peço-te, portanto, que tua mão me governe e me ensine, para que eu não ultrapasse os limites estipulados.

27

O amor-próprio afasta totalmente o bem maior

A voz de Jesus

1 Filho meu, desprenda-se de tudo e não guarde nada para si mesmo.

Saiba que o amor a si mesmo o fere mais do que qualquer outra coisa no mundo.

Conforme o amor e a afeição que você confere às coisas, tanto mais ou menos elas se prendem a você.

Se o seu amor for puro, simples e bem ordenado, você ficará livre da escravidão das coisas.

Não cobice o que não é lícito cobiçar. Não cobice o que pode perturbá-lo e destituí-lo de liberdade interior.

É estranho que você não se entregue totalmente a mim do fundo do coração com tudo o que tem ou deseja.

2 Por que você se desfalece em vã amargura? Por que se cansa com cuidados inúteis?

Aceite minha vontade, e você não terá falta de nada.

Se você buscar isso ou aquilo, querendo estar aqui ou ali para melhor desfrutar de vantagens e prazeres, jamais terá sossego nem ficará livre de inquietações. Sempre haverá de faltar alguma coisa, e em todo lugar haverá alguém para se opor.

Nosso bem-estar não depende, portanto, de obter e acumular coisas externas, e sim de desprezá-las, arrancando-as completamente do coração.

É isso que você precisa entender, e não só no que diz respeito à renda e às riquezas, mas também no que se refere à busca de honras e louvores vazios, porque tudo isso passará juntamente com o mundo.

Pouco importa o lugar se o espírito de fervor estiver ausente; também a paz encontrada nas coisas externas não perdurará por muito tempo se o seu coração estiver destituído do fundamento verdadeiro, isto é, a menos que você se apegue firmemente a mim. Você até poderá mudar, mas não para melhor.

Porque no momento oportuno, quando tiver de enfrentar determinadas situações, você encontrará aquilo de que estava fugindo, e ainda mais.

Súplica por um coração limpo e sabedoria do céu

3 Fortalece-me, ó Deus, pela graça do teu Espírito Santo.

Que eu seja fortalecido com poder no homem interior, e tire do coração todo cuidado desnecessário e toda angústia, para que os vários desejos não me desviem do caminho, sejam eles vis ou preciosos, e que os veja como coisas passageiras, porque eu passarei juntamente com eles.

Porque nada permanece para sempre debaixo do sol, onde tudo é vaidade e aflição de espírito. Como é sábio quem pensa assim!

4 Ó Senhor, dá-me a sabedoria celestial, para que eu aprenda sobre todas as coisas a te procurar e a te encontrar, mais do que tudo me alegrar em ti e te amar, e compreender como são as coisas conforme a ordem da tua sabedoria.

Permite que eu evite, com prudência, aquele que elogia, e suporte com paciência quem me contradiz.

Porque grande sabedoria é não se deixar levar pela torrente de palavras, nem dar ouvidos ao canto da sereia, porque assim caminharemos seguros pela vereda que começamos a trilhar.

28

Contra as línguas caluniadoras

A voz de Jesus

1 Filho meu, não se inquiete se alguém pensar mal de você e disser coisas a seu respeito que preferiria não ouvir.

Jamais se julgue grande coisa, e tenha sempre em mente que você é o mais fraco dos homens.

Se você andar no espírito, não dará muita atenção a elogios.

Não é pouca sabedoria guardar silêncio em tempos maus e se voltar interiormente para mim. Não se deixe incomodar pelo que pensam os homens.

2 Que a sua paz não dependa da língua dos homens, porque, se falam bem ou mau de você, nem por isso você deixa de ser quem é. Onde estão a paz e a glória verdadeiras? Acaso não estão em mim?

Aquele que não pensa em agradar aos homens, nem teme desprezá-los, desfrutará grande paz.

Porque do amor desordenado e do vão temor brotam todo tipo de inquietação do coração e a distração da mente.

29

Como devemos invocar a Deus e bendizê-lo quando chega a tribulação

A voz do discípulo

1 "Seja bendito o nome do Senhor, desde agora e para sempre" (Sl 113.2), porque foi do teu agrado que tentações e tribulações sobreviessem a mim.

Não posso escapar delas, mas fujo para ti, para que me ajudes, transformando-as em bem.

Senhor, estou aflito e inquieto, porque o sofrimento presente muito me incomoda.

Agora, querido Pai, que direi eu? Estou preso em meio a adversidades. Salva-me desta hora.

E, no entanto, foi para esta hora que vim, para que tu sejas glorificado quando eu for imensamente humilhado e por ti liberto.

Que tu te agrades em me livrar, Senhor, porque, criatura miserável que sou, que posso fazer e para onde irei sem ti?

Concede-me paciência, ó Senhor, nesta emergência. Ajuda-me, meu Deus, pois assim não temerei quanto tiver de me afligir.

2 E agora, em meio aos meus problemas, que direi?

Senhor, seja feita a tua vontade; mereci as aflições e as dores que me sobrevieram.

Não há dúvida de que devo suportá-las, e suportá-las com paciência até que a tormenta passe e venha a bonança!

Mas tua mão onipotente pode me libertar até mesmo da tentação presente, atenuando sua violência, para que eu não sucumba totalmente, como até aqui tens feito comigo, ó meu Deus e minha misericórdia!

Quanto mais difícil for para mim, mais fácil será para ti a mudança da destra do Altíssimo.

30
Deseje o auxílio divino e confie na recuperação da graça

A voz de Jesus

1 Filho meu, eu sou o Senhor que dá forças no dia da tribulação.

Venha até mim quando as coisas não estiverem bem para você.

É isto o que mais impede o conforto celestial: você demora demais para se dedicar à oração.

Porque, antes de se dirigir a mim com súplica sincera, você busca muitos confortos e se alegra nas coisas externas.

Acontece que tudo isso é de pouco proveito para você, até que venha o momento em que perceberá que sou eu quem livra os que confiam em mim, e que, fora de mim, não há ajuda nenhuma que seja poderosa, nem conselho que seja proveitoso, nem remédio que dure para sempre.

Você, no entanto, ao recobrar o fôlego depois de passar a tempestade, ganha forças novamente à luz das minhas misericórdias, porque estou perto, diz o Senhor, para tudo reparar, não só completamente, mas também com generosidade e na mais plena medida.

2 Existe algo que seja difícil para mim? Ou será que sou do tipo que promete e não cumpre?

Onde está sua fé? Fique firme, persevere, tenha coragem, seja paciente: o conforto virá no tempo certo.

Espere, espere por mim, e eu virei para curar você.

A tentação o atormenta, e um medo vão o inquieta.

O que a ansiedade em relação às contingências do futuro lhe proporciona, senão tristeza e mais tristeza? "Basta a cada dia o seu próprio mal" (Mt 6.34).

É inútil e de nada adianta deixar-se inquietar ou se agradar das coisas futuras, que talvez jamais venham a acontecer.

3 Mas é da natureza do homem iludir-se com tais imaginações, e é sinal de uma mente frágil ser facilmente seduzido pela sugestão do inimigo.

Porque é desse modo que ele o ilude e o engana. Para o inimigo, pouco importa se o que se diz é falso ou verdadeiro, se o derrota com o amor ao presente ou com o temor de coisas futuras.

Não se inquiete o seu coração, nem tenha medo.

Confie em mim, e ponha sua confiança em minha misericórdia.

Quando você achar que está muito longe de mim, muitas vezes estou bem perto de você.

Quando achar que quase tudo está perdido, muitas vezes a maior recompensa está perto.

Nem tudo está perdido quando algo não sai conforme gostaríamos.

Você não deve julgar de acordo com o que sente no momento; também não deve interpretar alguma tristeza, ou reagir a ela, venha de onde vier, como se todas as esperanças de recuperação estivessem perdidas.

4 Não se julgue abandonado em seu caminho rumo ao reino celestial.

Sem dúvida vale mais a pena para você, e para o restante dos meus servos, exercitar-se nas adversidades do que ter tudo de acordo com suas inclinações.

Conheço os pensamentos ocultos de seu coração, e que muito lhe aproveitaria ficar por vezes sem o gosto da doçura espiritual e em estado de aridez, para que você não se orgulhe de sua prosperidade, preferindo agradar a si mesmo naquilo que você, de fato, não é.

O que dei, posso tomar de volta, e restaurar novamente quando for do meu agrado.

5 Quando dou, ainda é meu; quando tiro o que concedi, é porque "toda boa dádiva e todo dom perfeito vêm do alto" e a mim pertencem (Tg 1.17).

Se lhe envio aflições, ou uma contrariedade que seja, não se entristeça, nem fraqueje seu coração. Posso socorrê-lo imediatamente e transformar em alegria sua tristeza.

Todavia, sou justo e merecedor de todo louvor sempre que cuido de você.

6 Se você for sábio e analisar bem o que se passa, jamais se lamentará com tanta tristeza por qualquer adversidade; pelo contrário, você se alegrará e dará graças.

Sim, será para você uma alegria especial, porque, ao afligi-lo com tristezas, não o poupo.

"Como o Pai me amou, assim eu os amei" (Jo 15.9), eu disse a meus amados discípulos, a quem certamente não enviei para que desfrutassem de alegrias temporais, mas para grandes conflitos; não para honras, mas para o desprezo; não para o ócio, mas para o trabalho; não para descansar, mas para que dessem muito fruto com paciência. Meu filho, lembre-se dessas palavras!

31

Despreze as criaturas para encontrar o Criador

A voz do discípulo

1 Ó Senhor, preciso muito de tua graça para chegar àquele ponto em que nenhum homem ou criatura sejam um empecilho para mim.

Porque, enquanto algo me detiver, não poderei acorrer livremente a ti.

Queria voar livremente na tua direção aquele que disse: “Quem dera eu tivesse asas como a pomba; voaria até encontrar repouso!” (Sl 55.6).

Que pode haver de mais sereno do que o olhar singelo, e de mais livre do que aquele que nada deseja sobre a face da terra?

O homem deve, portanto, elevar-se acima de todas as criaturas e abandonar-se completamente, num êxtase mental, e ver que tu, Criador de todas as coisas, não tem entre as criaturas ninguém que possa se comparar a ti.

A menos que a pessoa se desligue de todas as criaturas, não poderá, com liberdade de mente, realizar aquilo que é divino.

Essa é a razão pela qual há tão poucos contemplativos, porque esses poucos podem perfeitamente se distanciar das coisas criadas e perecíveis.

2 Para isso, é preciso muita graça, de forma tal que eleve a alma e a sustente acima de si mesma.

A menos que o homem seja elevado em espírito, e livre de todas as criaturas, e perfeitamente unido a Deus, tudo o que ele souber, e qualquer coisa que tenha, não terá nenhuma importância.

Quem se julga importante, durante muito tempo será humilhado e pouco estimado. Grande só há um, o Deus Eterno Infinito.

O que não for Deus, nada é, e deverá ser reputado por nada.

Há uma grande diferença entre a sabedoria de um homem iluminado e devoto e o conhecimento de um ministro instruído e estudioso.

É muito mais nobre o conhecimento que vem de cima, da influência divina, do que aquele que é obtido a duras penas pelo conhecimento humano.

3 Muitos há que desejam a contemplação, mas não se esforçam para praticar as coisas que devemos buscar e conservar.

É um grande obstáculo o homem descansar em sinais e coisas sensíveis, e pouco se importar com a humilhação completa de si mesmo.

Não sei o que é, nem que espírito nos conduz, tampouco o que pretendemos, nós que somos chamados de espirituais, para que passemos tantas dores e estejamos tão ansiosos por causa de coisas transitórias e pequenas. Raras vezes pensamos como deveríamos naquilo que deveria nos preocupar interiormente.

4 Infelizmente, depois de uma breve reflexão, logo nos distraímos outra vez e não medimos as palavras com o devido rigor.

Não nos importamos com as coisas nas quais depositamos nossas afeições, nem lamentamos a impureza presente em todas as nossas ações.

"Pois toda a humanidade havia corrompido a sua conduta", vindo em seguida o grande dilúvio (Gn 6.12).

Desde então nossa afeição interior é muito mais corrompida, e nossas ações daí procedentes são igualmente corrompidas, prova da falta de vigor interior.

De um coração puro procede o fruto de uma vida boa.

5 Perguntamos quanto um homem tem feito, mas não analisamos a sério em que medida ele age de acordo com princípios virtuosos.

Indagamos se ele é corajoso, rico, belo, hábil, se é bom escritor, se canta bem, ou se trabalha com afinco; raramente, porém, perguntamos se é piedoso ou espiritual.

A natureza contempla a aparência externa do homem, mas a graça vê o interior.

Aquela fica sempre desapontada; esta confia em Deus, e por isso não é enganada.

32

Negue a si mesmo e renuncie a todo apetite do mal

A voz de Jesus

1 Filho meu, você não pode ter liberdade perfeita, a menos que negue a si mesmo.

Estão acorrentados todos aqueles que buscam somente seus próprios interesses, amantes de si mesmos, cobiçosos, errantes, sempre em busca de prazeres, e não das coisas de Jesus Cristo, muitas vezes imaginando e articulando coisas que não se sustentarão.

Porque tudo o que não for de Deus perecerá.

Guarde estas palavras breves e perfeitas: abandone tudo, e encontrará tudo; abandone todo desejo desordenado, e encontrará descanso.

Pense bem nisso, e, quando tiver posto essas coisas em prática, você entenderá todas as coisas.

A voz do discípulo

Ó Senhor, isso não é o trabalho de um dia, como não é também diversão de criança. Pelo contrário, nessa breve expressão está incluída toda a perfeição das pessoas religiosas.

A voz de Jesus

2 Filho meu, não recue e não desanime quando você ouvir falar do caminho que seguem os perfeitos; pelo contrário, sinta-se encorajado a buscar coisas mais elevadas, ou pelo menos suspire por elas.

Que bom seria se fosse assim com você também. Chegaria o momento em que você não seria mais amante de si mesmo, estando sempre pronto a me obedecer, bem como àquele a quem coloquei como seu pai. Então você me agradaria de todo o coração, e toda a sua vida seria plena de alegria e paz.

Você ainda tem muito o que abandonar, e, a menos que entregue tudo a mim, não alcançará aquilo que deseja.

"Compre de mim ouro refinado no fogo, e você se tornará rico" (Ap 3.18). Trata-se de sabedoria celestial, que se eleva acima de todas as coisas terrenas e inferiores.

Considere de pouca valia a sabedoria terrena, e não queira agradar a outros ou a si mesmo.

3 Eu disse que coisas inferiores devem ser compradas com coisas que, entre os homens, são preciosas e de grande valor.

Porque a verdadeira sabedoria do céu parece, de fato, comum, de pequeno valor, que não se tem em alta conta, que não procura ser engrandecida na terra, praticamente esquecida entre os homens. Certamente muitos a louvam com a boca, mas estão longe dela na vida. No entanto, ela é "a pérola de grande valor" (Mt 13.46), escondida de muitos.

33

A inconstância do coração e a importância de dirigir nossas intenções finais a Deus

A voz de Jesus

1 Filho meu, não confie em seus sentimentos, porque bem depressa se transformam em outra coisa.

Enquanto você viver, estará sujeito a mudanças, mesmo contra sua vontade. Assim, ora estará contente, ora triste; num dia estará quieto, no outro preocupado; hoje devoto, amanhã entregue às coisas do mundo; diligente agora, desatento depois; nesse momento sério, naquele leviano.

Aquele, porém, que é sábio e bem instruído no espírito não se abala diante dessas coisas mutáveis, e não presta atenção no que sente dentro de si, ou em que direção o vento da instabilidade sopra, mas a intenção de sua mente tende para o que é certo e melhor.

Porque assim ele poderá continuar o mesmo, inabalável, no meio de tantos acontecimentos, dirigindo continuamente o olhar para mim.

2 Quanto mais puro for o olhar da intenção, tanto mais o homem passa por vários tipos de tormentas que o assaltam.

Em muitos, porém, o olhar da intenção pura se esvanece, porque se dirige rapidamente para algum objeto agradável que vem ao seu encontro.

É raro encontrar alguém que esteja totalmente livre das marcas do egoísmo.

Os judeus foram a Betânia no passado ao encontro de Marta e de Maria, não por causa de Jesus apenas, mas também para que pudessem ver Lázaro.

O olhar da nossa intenção, portanto, deve ser purificado, para que seja simples e justo, dirigido a mim, acima de todas as circunstâncias que possam surgir.

34

Deus é doce acima de todas as coisas, e em todas as coisas para aquele que o ama

A voz do discípulo

1 Ó meu Deus, tudo és para mim. Que posso querer mais, e que maior felicidade posso desejar?

Ó palavra doce e saborosa! Mas apenas para aquele que ama a palavra, não o mundo, nem as coisas que estão no mundo.

Meu Deus e meu tudo! Para o que entende, bastam essas palavras; para o que ama, repetir é sempre um prazer.

Porque, quando estás presente, tudo dá prazer, mas, quando estás ausente, tudo se torna maçante.

Ao coração tu concedes silêncio, muita paz e grande gozo.

Tu nos fizeste para que pensássemos bem de todas as coisas, e em tudo te louvássemos. Nenhum prazer dura sem ti. Tua graça tem de estar presente, e não pode dispensar o tempero da doçura própria da tua sabedoria.

2 O que não é prazeroso para aquele a quem o prazer és tu?

E a quem tu não deleitas, o que lhe pode ser prazeroso?

E, no entanto, os sábios do mundo, e aqueles que se regozijam nas coisas da carne, têm falta da tua sabedoria, porque nuns há muita vaidade, noutros, morte.

Mas aqueles que te seguem pelo desprezo às coisas do mundo, e pela mortificação da carne, são realmente sábios, porque passam da vaidade para a verdade, da carne para o espírito.

Estes se deleitam em Deus, e em qualquer bem que se acha nas criaturas, porque para eles tudo aponta para o louvor do seu Criador.

Grande, porém, sim, muito grande é a diferença entre a doçura do Criador e a da criatura, da eternidade e do tempo, da luz não criada e da luz que ilumina.

3 Ó tu, Luz Eterna, que ultrapassa todas as luzes criadas, envia do alto os raios do teu brilho para que penetrem os recessos mais íntimos do meu coração.

Purifica, alegra, ilumina e vivifica meu espírito com os poderes todos de que ele dispõe, para que eu me apegue a ti com plenitude de alegria e de triunfo.

Quando virá aquela hora bendita e desejada em que me encherás com tua presença, e serás para mim tudo em tudo?

Enquanto isso não me for concedido, minha alegria não será completa.

Todavia, o velho homem ainda vive em mim; ele não foi ainda totalmente crucificado, não está completamente morto.

Ele continua a lutar com todas as forças contra o Espírito, fomenta guerras internas e não admite que minha alma tenha paz.

4 Mas "tu que dominas o revolto mar; quando se agigantam as suas ondas, tu as acalmas" (Sl 89.9), ergue-te e ajuda-me!

"Espalha as nações que têm prazer na guerra" (Sl 68.30), esmaga-as com teu poder.

Mostra tua grandeza, eu te suplico, e que tua mão direita seja glorificada, porque não há outra esperança ou refúgio para mim senão em ti, ó Senhor meu Deus.

35

NÃO HÁ SEGURANÇA NENHUMA DE QUE NÃO SEREMOS TENTADOS NESTA VIDA

A voz de Jesus

1 Filho meu, jamais você estará seguro nesta vida, porque, enquanto viver, precisará sempre da armadura espiritual.

Você mora entre inimigos, e eles o assaltam à direita e à esquerda.

Se, portanto, você não se defender de todos os lados com o escudo da paciência, não demorará para que seja ferido.

Além disso, se você não puser o coração em mim com a disposição sincera de tudo suportar por minha causa, não suportará o calor do combate, nem alcançará a palma dos santos bem-aventurados.

Esforce-se, portanto, para tudo suportar e resistir com firmeza àquilo que se opõe a você.

Pois quem vence recebe o maná, mas o indolente tem de suportar muita infelicidade.

2 Se você procura descanso neste mundo, como poderá alcançar o descanso eterno?

Em vez de tanto repouso, esforce-se para ter mais paciência.

Busque a paz verdadeira não na terra, mas no céu; não em homens, não em outra criatura qualquer, mas somente em Deus.

Por amor a Deus você deve suportar alegremente todas as coisas, isto é, trabalho, dores, tentação, vergonha, ansiedade, necessidade, enfermidade, injúrias, maledicência, censuras, humilhação, aflições, castigos e desprezo.

Essas coisas contribuem para a virtude. São elas provações por que passam o neófito na fé em Cristo e dão forma à coroa celestial.

Darei recompensa eterna por um trabalho breve, e glória infinita em troca da vergonha transitória.

3 Você acha que sempre terá consolações espirituais à disposição?

Meus santos não tiveram; eles passaram por muitas aflições e tentações diversas, além de desconfortos enormes.

Em tudo isso, porém, tiveram muita paciência e confiaram em Deus, e não em si mesmos, sabendo que "os sofrimentos de então não se comparavam à glória futura" (Rm 8.18).

Você quer ter de uma vez aquilo que outros, depois de muitas lágrimas e grandes esforços, a muito custo obtiveram?

"Espere no Senhor. Seja forte! Coragem!" (Sl 27.14). Não se desespere, não retroceda; antes, ofereça seu corpo e sua alma para a glória de Deus.

Eu o recompensarei generosamente. Estarei com você em toda tribulação.

36

Contra o juízo inútil dos homens

A voz de Jesus

1 Filho meu, ponha seu coração firmemente no Senhor, e não tema o juízo dos homens sempre que sua consciência der testemunho de sua piedade e inocência.

É coisa boa e alegre sofrer desse modo. Não será um fardo para o coração humilde que confia em Deus, e não em si mesmo.

A maior parte dos homens é dada a muita conversa, por isso deve-se confiar pouco neles.

2 Além disso, é impossível satisfazer a todos.

Embora Paulo se esforçasse para agradar a todos no Senhor, tornando-se "tudo para com todos" (1Co 9.22), ele considerava "de pouca importância ser julgado pelo homem" (1Co 4.3).

Tudo o que fez, ele o fez para a edificação e salvação de outros, e na medida de suas possibilidades. Todavia, não pôde evitar, por vezes, ser julgado e desprezado pelos homens.

Por isso, confiou tudo a Deus, que sabe todas as coisas, e defendeu-se com paciência e humildade contra as línguas injustas, ou contra aqueles que pensavam vaidades e mentiras, falando de maneira prepotente tudo o que tinham vontade.

Algumas vezes, porém, ele respondia, para que o fraco não fosse ofendido por seu silêncio.

3 Quem é você que teme o homem mortal? Hoje ele existe, mas amanhã ninguém mais o vê.

Teme a Deus, e você não precisará temer as ameaças dos homens.

Que mal podem lhe causar as palavras ou as injúrias do homem? Ele fere a si mesmo, e não a você, e não pode evitar o juízo divino, quem quer que ele seja.

Firme seus olhos em Deus, e não se inflame com reclamações.

Se no presente você parece derrotado, passando vergonha sem merecer, não se aflija, nem diminua sua coroa com a impaciência.

Em vez disso, erga os olhos para mim nos céus, pois posso livrá-lo de toda vergonha e de todo erro, retribuindo a cada homem segundo as suas obras.

37
Renuncie totalmente a si mesmo a fim de obter a liberdade do coração

A voz de Jesus

1 Filho meu, perca-se, e você me encontrará.

Não escolha coisa alguma pensando em você, não se aproprie de nada para si mesmo, e com isso você ganhará sempre.

No momento em que renunciar completamente a si mesmo, terá graça maior, contanto que não recue em busca de si mesmo novamente.

A voz do discípulo

Senhor, quantas vezes e em que devo renunciar e abandonar a mim mesmo?

A voz de Jesus

Sempre, em todo momento, tanto nas coisas pequenas quanto nas grandes. Não faço exceção nenhuma. Desejo apenas que você se despoje de tudo.

Caso contrário, como poderá ser meu, e eu seu, a menos que você se livre de toda vontade própria, tanto interna quanto externa?

Quanto mais cedo o fizer, melhor para você. Quanto maior seu empenho e sua sinceridade em fazê-lo, tanto mais você me agradará, e tanto mais ganhará.

2 Há quem renuncie, mas com exceções, porque não confia inteiramente em Deus, indagando como haverá de prover para si mesmo.

Alguns, no início, oferecem tudo, mas, depois de assaltados pela tentação, voltam a seu antigo estado e não fazem nenhum progresso no caminho da virtude.

Estes não alcançarão a liberdade verdadeira do coração puro nem a graça da minha doce intimidade, a menos que primeiro renunciem a si mesmos e se sacrifiquem diariamente por mim. Sem isso, não há nem pode haver união frutífera comigo.

3 Sempre disse a você, e agora digo novamente: perca-se, renuncie a si mesmo, e terá muita paz interior.

Dê tudo por tudo, não busque coisa alguma, não peça nada de volta; firme sua confiança em mim, e você me terá; será livre de coração, e as trevas não o sufocarão.

Que seja este o seu empenho, que seja esta a sua oração, este o seu desejo: que, despojado de todo egoísmo, você siga Jesus apenas e assim, morrendo para si mesmo, viva eternamente para mim.

Então toda imaginação vã, toda aflição e cuidados supérfluos se dissiparão.

Você não terá mais nenhum medo desmedido, e o amor desordenado será aniquilado.

38

Administre com cuidado as coisas externas e busque Deus nos momentos de perigo

A voz de Jesus

1 Filho meu, esforce-se com diligência para que em todo lugar e em tudo o que fizer, em toda ação externa, você seja livre interiormente, mestre absoluto de si mesmo. Que todas as coisas estejam sujeitas a você, e não você a elas.

Você deve ser senhor e mestre de suas ações, e não servo ou empregado.

Pelo contrário, como homem livre e verdadeiro hebreu, você deve tomar posse da condição e da liberdade dos filhos de Deus.

Porque eles, estando firmados sobre as coisas presentes, contemplam as que são eternas.

Olham para as coisas transitórias com o olho esquerdo, e com o direito contemplam as coisas do céu.

Não se deixam atrair e render pelas coisas temporais; antes, servem-se delas, e conforme foram ordenadas por Deus, de acordo com a vontade do Grande Artífice, que nada deixou sem ordem em sua criação.

2 Se você permanecer firme em todas as circunstâncias, e não avaliar as coisas que ouve e vê por sua aparência externa, nem com seu olho carnal, mas se em tudo entrar com Moisés no tabernáculo para se aconselhar com o Senhor, ouvirá por vezes a resposta divina, e voltará instruído com respeito a muitas coisas, tanto as presentes quanto as que ainda virão.

Porque Moisés sempre recorreu ao tabernáculo quando tinha dúvidas e procurava por respostas, recorrendo à oração em busca de apoio em meio aos perigos e às iniquidades dos homens.

Portanto, você deve igualmente buscar refúgio no íntimo do seu coração implorando com ardor o favor divino.

Lemos que Josué e os filhos de Israel foram enganados pelos gibeonitas, porque, em vez de se aconselhar com o Senhor, deram fácil crédito às belas palavras deles, sendo assim iludidos por sua falsa piedade.

39

NÃO SEJA IMPACIENTE NAS COISAS QUE FAZ

A voz de Jesus

1 Filho meu, leve sempre seus problemas até mim, e eu lidarei com eles no devido tempo.

Espere meu chamado, e verá que será para seu próprio bem.

A voz do discípulo

Ó Senhor, confio alegremente a ti todas as coisas, porque meus esforços quase de nada valem.

Queria não me fixar tanto em acontecimentos futuros, e sim entregar-me sem hesitar à tua boa vontade.

A voz de Jesus

2 Filho meu, muitas vezes o homem busca com ardor algo que deseja e, quando consegue o que queria, muda de ideia, porque as afeições do homem não se fixam num mesmo objeto; antes, elas o impelem de uma coisa para outra.

Portanto, não é de pouco valor para o homem deixar-se abandonar até mesmo nas menores coisas.

3 O verdadeiro progresso de um homem consiste em negar a si mesmo, e aquele que nega a si mesmo vive em grande liberdade e segurança.

No entanto, o antigo adversário, que sempre se volta contra tudo o que é bom, nunca desiste de tentar; dia e noite, o desprezível fica à espreita para surpreender os incautos, sempre que possível, no laço do engano.

Portanto, "vigiem e orem", disse nosso Senhor, "para que não caiam em tentação" (Mt 26.41).

40

Não há nada de bom em si mesmo, e nada tem em que se possa gloriar

A voz do discípulo

1 "Que é o homem, para que com ele te importes? E o filho do homem, para que com ele te preocupes?" (Sl 8.4).

O que fez o homem para que merecesse tua graça?

Ó Senhor, que motivo eu tenho para me queixar se tu me abandonares? Ou se não fazes aquilo que te peço? Que posso eu dizer que seja justo em face do teu julgamento?

Sem dúvida o que penso e digo é o seguinte: Senhor, nada sou, nada posso, nada tenho de bom em mim mesmo, mas em tudo tenho defeitos e minha inclinação é sempre para o nada.

A menos que me ajudes, e me instruas interiormente, serei uma pessoa totalmente morna e ineficiente.

2 "Tu, porém, Senhor, no trono reinarás para sempre" (Sl 102.12); és sempre bom, justo e santo, tudo fazes bem, com justiça e santidade, tudo dispondo com sabedoria.

Mas eu, que mais tendo a recuar do que a seguir adiante, jamais permaneço do mesmo jeito, "até que se passem sete tempos" (Dn 4.16).

Todavia, as coisas logo melhoram quando te agradas que assim seja, quando concordas em estender tua mão auxiliadora, porque podes me ajudar sozinho sem o auxílio humano, e assim me fortalecer, para que meu semblante não mude mais, e meu coração esteja voltado somente para ti, e em ti descanse.

3 Portanto, se eu pudesse me despojar de todo conforto humano, quer para alcançar a devoção, quer para atender minhas próprias necessidades, isso me obrigaria a te buscar, porque nenhum mortal pode me confortar; então eu esperaria em tua graça e me alegraria com a dádiva da nova consolação.

4 Graças a ti, de quem tudo procede, a todo tempo, tudo que vai bem comigo.

Diante de ti, porém, sou mera vaidade e nada, um ser inconstante e frágil.

De que posso então me gloriar? Ou que tenho para que me possa gloriar? De ser nada? Quanta vaidade!

A mera glória vazia é, na verdade, uma praga maligna, uma vaidade sem tamanho, porque tira do homem a glória verdadeira, e rouba dele a graça celestial.

Porque, enquanto agrada a si mesmo, o homem desagrada a ti; enquanto almeja o louvor dos homens, fica sem as virtudes verdadeiras.

5 Mas a glória verdadeira e a exultação santa consistem em o homem se gloriar em ti, e não em si mesmo; regozijar-se em teu nome, e não em sua própria força ou virtude; e em encontrar prazer em ti, e não em alguma criatura.

Louvado seja teu nome, e não o meu; engrandecida seja tua obra, e não a minha. Bendito seja teu santo nome; quanto a mim, não quero receber louvor nenhum dos homens.

Tu és minha glória, és a alegria do meu coração.

Em ti me gloriarei e me alegrarei o dia todo; quanto a mim, não me gloriarei senão nas minhas enfermidades.

6 Que os judeus busquem honra para si uns nos outros; eu buscarei somente o que vem de Deus.

Porque toda glória humana, toda honra temporal, toda grandeza do mundo, se comparadas à tua glória eterna, são vaidade e loucura.

Ó meu Deus, minha verdade e minha misericórdia, ó Trindade bendita, a ti somente sejam dados louvores, honra, poder e glória, para todo o sempre!

41

Despreze toda honra temporal

A voz de Jesus

1 Filho meu, não se aborreça se vir outras pessoas sendo honradas e promovidas, enquanto você é desprezado e humilhado.

Eleve seu coração ao céu, e o desprezo com que você é tratado pelos homens aqui na terra não mais o afligirá.

A voz do discípulo

Senhor, a cegueira tomou conta de nós, e bem depressa somos desencaminhados pela vaidade.

Se me examinar bem, não posso dizer que alguma criatura me fez mal; por isso, não posso me queixar justamente contra ti.

2 E, no entanto, como tantas vezes pequei gravemente contra ti, todas as criaturas estão certas em empunhar armas contra mim.

Vergonha e desprezo sobrevenham-me com razão; a ti, porém, louvor, honra e glória.

A menos que me prepare com alegre disposição para ser desprezado e abandonado por todas as criaturas, e ser considerado nada, não terei paz e estabilidade dentro de mim, nem serei iluminado espiritualmente e unido por completo a ti.

42

Não deposite sua paz nos homens

A voz de Jesus

1 Filho meu, se você puser sua paz em qualquer pessoa por causa da opinião que tem dela, ou porque a conhece muito bem, sua situação será sempre de insegurança e de confusão.

Mas, se você buscar recursos na Verdade sempre viva e duradoura, a partida ou a morte de um amigo não o afligirá.

A consideração que você tem por seu amigo deve ser posta em mim, e por minha causa ele deverá ser amado, seja quem for a pessoa por quem você tem tanto apreço e a quem você quer tão bem nesta vida.

Sem mim, nenhuma amizade pode durar, muito menos persistir; não será também esse amor verdadeiro e puro, se não for unido por mim.

É preciso que você esteja de tal modo alheio a essas afeições pelos amigos amados que, no que depender de você, seu desejo seja o de abster-se da companhia dos homens.

O homem se aproxima mais de Deus quanto mais ele se afasta de toda consolação terrena.

Além disso, quanto mais ele mergulhar dentro de si mesmo, e quanto mais desprezar a si próprio, tanto mais se aproximará de Deus.

Mas quem atribui qualquer bem a si mesmo impede a vinda da graça de Deus, porque a graça do Espírito Santo busca sempre o coração humilde.

Se você souber perfeitamente anular a si mesmo e se esvaziar de todo amor pela criatura, virei então a você com grande plenitude de graça.

Quando você olha para as criaturas, os olhos do Criador se afastam de você.

Aprenda em todas as coisas a vencer a si mesmo, por amor ao seu Criador, e então você alcançará o conhecimento divino.

Qualquer coisa, por menor que seja, se for amada e apreciada de maneira desordenada, afastará você do bem supremo e ferirá sua alma.

43

Contra o conhecimento inútil e secular

A voz de Jesus

1 Filho meu, não permita que as palavras dos homens o comovam, por mais belas e sutis que sejam, "pois o Reino de Deus não consiste em palavras, mas em poder" (1Co 4.20).

Ouça com atenção minhas palavras, porque elas inflamam o coração e iluminam a mente; induzem à compunção e proporcionam múltiplas consolações.

Jamais leia a Palavra para parecer mais instruído ou mais sábio.

Seja instruído na mortificação de seus pecados, porque isso lhe servirá mais que o conhecimento de inúmeras questões complexas.

2 Depois de ler e aprender uma porção de coisas, volte sempre ao único Início e Princípio.

Sou aquele que dá sabedoria ao homem, e dou às criancinhas um entendimento mais claro do que o homem pode lhes dar.

Assim, aquele a quem me dirijo logo será sábio, e muito aproveitará no espírito.

Ai daqueles que buscam saber muitas coisas curiosas dos homens, e pouco se importam com a maneira de me servir!

Virá o tempo em que o Mestre dos mestres aparecerá, sim, Cristo, o Senhor dos anjos, para ouvir o que todos aprenderam, isto é, para examinar a consciência de todos.

"Então ele vasculhará Jerusalém com lamparinas" (Sf 1.12), e "trará à luz o que está oculto nas trevas" (1Co 4.5), e a argumentação dos homens se calará.

3 Sou eu que, num instante, elevo a mente humilde para que compreenda mais da verdade eterna do que alguém que tenha frequentado a escola durante dez anos.

Eu ensino sem ruído de palavras, sem confusão de opiniões, sem ambições de honra e sem disputa de argumentos.

Sou eu que instruo os homens a desprezar as coisas terrenas, a odiar as coisas presentes, a buscar e a desejar as eternas, a fugir de honrarias, a suportar injúrias, a pôr toda esperança em mim, a não desejar coisa alguma senão a mim e, acima de tudo, a ter ardente amor por mim.

4 Pois houve quem me amasse completamente, e assim aprenderam coisas divinas e falaram coisas admiráveis.

O proveito deles foi maior porque abandonaram todas as coisas, em vez de estudar sutilezas.

Todavia, a alguns homens digo coisas comuns, e a outros, coisas mais particulares; a alguns apareço docemente por meio de sinais e figuras, e a outros, revelo mistérios banhados em muita luz.

A voz dos livros na verdade é uma só, mas não instrui a todos da mesma forma; porque eu sou o mestre da verdade interior, sou aquele que sonda os corações, discerne os pensamentos e induz às boas ações, tudo distribuindo aos homens conforme julgo melhor.

44

Evite problemas decorrentes de coisas exteriores

A voz de Jesus

1 Filho meu, é preciso que você ignore muitas coisas e que se considere morto sobre a terra, como se estivesse crucificado para o mundo.

Também é seu dever passar por muitas coisas sem lhes dar ouvidos. Em vez disso, pense nas coisas que podem lhe trazer paz.

Vale mais a pena desviar os olhos das coisas desagradáveis, e deixar que cada um tenha sua opinião, do que se prender a discursos contenciosos.

Se tudo vai bem entre você e Deus, e se você tem perfeita consciência de que é ele quem o julga, mais facilmente suportará ser vencido.

A voz do discípulo

2 Ó Senhor, por quantas coisas temos de passar! Sim, lamentamos uma perda temporal, trabalhamos e corremos por um ganho pequeno, e o dano espiritual à nossa alma cai no esquecimento e dificilmente volta à memória.

Aquilo que pouco importa, e de que nada aproveitamos, é motivo de preocupação, mas o que é especialmente necessário recebe pouca atenção, porque o homem mergulha nas coisas exteriores e, a menos que bem depressa se arrependa, acomoda-se a elas de boa vontade.

45

Não confie em todos; as pessoas estão sempre prontas para ofender com palavras

A voz do discípulo

1 Ó Senhor, "dá-nos ajuda contra os adversários, pois inútil é o socorro do homem" (Sl 60.11).

Quantas vezes fui enganado, encontrando escassez de fidelidade onde achava que ela não haveria de faltar!

E quantas vezes a encontrei onde menos a esperava!

É inútil, portanto, confiar no homem, porque a salvação do justo está em ti, ó Deus!

Bendito sejas tu, ó Senhor, meu Deus, em tudo o que nos acontece.

Somos fracos e inconstantes, prontamente somos enganados e bem depressa mudamos de ideia.

2 Quem é capaz de guardar-se com cautela e discrição em todas as coisas, de modo que jamais caia em enganos e perturbação?

Mas aquele que confia em ti, ó Senhor, e que te busca de coração íntegro, não tropeça facilmente.

Se, porém, cair em alguma tribulação, por mais que ela o envolva, será por ti prontamente liberto, ou por ti consolado, pois quem confia em ti não será abandonado.

É coisa rara de encontrar um amigo fiel em todos os momentos de tribulação. Tu, ó Senhor, só tu és sempre fiel, e não há ninguém que se compare a ti.

3 Ah, como foi sábia aquela alma que disse: "Meu espírito está fundado e alicerçado em Cristo".

Se fosse assim comigo, o temor do homem não me assaltaria tão facilmente, e as flechas das palavras humanas não me atingiriam.

Quem pode prever todas as coisas? Quem é capaz de se preparar de antemão para futuros males? Se as coisas que podemos prever tantas vezes nos machucam, como não hão de nos machucar gravemente aquelas que não podemos prever?

Mas, miserável como sou, por que não me preparei melhor? Por que fui confiar tão facilmente nos outros?

Todavia, somos homens, nada mais senão homens frágeis, embora muitos acreditem que sejamos anjos.

Em quem confiarei, Senhor? Em quem, senão em ti? Tu és a verdade que não ilude jamais, e não podes ser iludido.

Por outro lado, "todo homem é mentiroso" (Rm 3.4), fraco, inconstante e sujeito a cair, sobretudo por palavras. Por isso, não devemos confiar facilmente nem mesmo naquilo que, pela aparência externa, pareça correto à primeira vista.

4 Oh, com que sabedoria tu nos advertiste de que fôssemos cautelosos com os homens! E, visto que "os inimigos do homem são os seus próprios familiares" (Mq 7.6), não acredite quando alguém disser: "Olhe, venha para cá" ou "Aqui, venha até aqui".

Fui instruído pela ofensa, e espero que ela me torne mais cauteloso e menos ingênuo.

"Tenha cuidado", diz alguém, "tenha cuidado, guarde para você aquilo que lhe digo." E ao fazê-lo, achando que se trata de segredo, vejo que a pessoa que me pediu segredo não é capaz de guardá-lo, traindo a mim e a si mesmo, e ausentando-se em seguida.

Protege-me dessas histórias e dessas pessoas indiscretas, ó Senhor, para que não caia em suas mãos e jamais cometa o mesmo tipo de coisa.

Concede-me seguir a verdade e manter a constância em minhas palavras. Afasta de mim a língua ardilosa.

O que não estou disposto a suportar em outros, devo por todos os meios evitar em mim mesmo.

5 Ah, como é bom e como proporciona paz manter silêncio em relação aos outros, sem acreditar facilmente em tudo o que dizem e sem passar adiante o que ouvimos!

É bom também abrir-se com pouca gente e buscar sempre a ti, que és quem guarda o coração.

Não devemos igualmente nos deixar levar por qualquer vento de palavra, e sim desejar que todas as coisas, tanto as de dentro quanto as de fora, sejam realizadas de acordo com o perfeito desejo da tua vontade.

Para conservar a graça celestial, nada melhor que fugir das aparências e evitar coisas que pareçam causar admiração externa; antes, busque com diligência as coisas que trazem correção de vida e zelo pela santidade.

6 A quantos causou prejuízo a virtude divulgada e elogiada precipitadamente!

Quanto proveito, porém, existe na graça que é preservada em silêncio nesta vida frágil que, como bem sabemos, é só tentação e muita luta!

46
Confie em Deus para vencer a maledicência

A voz de Jesus

1 Filho meu, permaneça firme, coloque sua fé em mim, porque o que são as palavras, senão palavras?

Elas voam pelo ar, mas não ferem tanto como a pedra.

Se você se sente culpado, disponha-se a se corrigir; se sua consciência não o acusa, sofra de bom grado por amor a Deus.

Não é muita coisa ter de suportar, às vezes, algumas palavras, se você não tem ainda forças para golpes mais duros.

E por que essas coisas pequenas machucam seu coração, exceto pelo fato de você ser carnal e ter os homens em mais alta consideração do que deveria?

Você tem medo de ser desprezado e não quer ser reprovado pelas faltas que cometeu, por isso busca refúgio em desculpas.

2 Examine-se bem e verá que o mundo e o inútil desejo de agradar ao homem ainda vivem dentro de você.

Quando você evita ser humilhado e reprovado por suas faltas, é evidente que não é humilde de verdade, nem está realmente morto para o mundo, e o mundo não está crucificado para você.

Mas ouça com atenção as minhas palavras e você não dará crédito a dez mil palavras pronunciadas pelos homens.

Pois mesmo que disserem todo tipo de calúnia a seu respeito, nada haverá de feri-lo se você ignorar o que se passa e não der a mínima atenção. Essas palavras não conseguirão arrancar um fio de cabelo de sua cabeça.

3 Mas aquele que não tem coração, e que não tem Deus diante dos olhos, facilmente se deixa abalar por uma palavra ácida.

Aquele, porém, que confia em mim, e não no seu próprio julgamento, será livre do temor do homem.

Porque eu sou o juiz e sondo todos os segredos. Sei como são as coisas. Conheço aquele que lança a injúria, e o que a tem de suportar.

Isso procedeu de mim, aconteceu porque eu permiti, para que os pensamentos de muitos corações fossem revelados.

Eu julgarei os culpados e os inocentes; contudo, por meio de um julgamento secreto, eu os porei antes à prova.

4 O testemunho dos homens muitas vezes engana; meu julgamento, porém, é verdadeiro e permanecerá. Ele não será destruído.

De modo geral, ele permanece oculto, e não se dá a conhecer totalmente. É revelado a uns poucos; todavia, jamais erra, nem pode errar, embora aos olhos dos tolos não pareça justo.

Por isso, o homem deve recorrer a mim em todo julgamento, e não confiar em seu próprio juízo.

Porque o justo não será abalado, não importa o que lhe aconteça da parte de Deus; e, se algo for injustamente lançado contra ele, pouco se importará.

O justo também não se alegrará em vão, se com razão os outros o desculparem.

Ele sabe que sou eu "que sonda as mentes e os corações" (Sl 7.9), e não julgo de acordo com a aparência externa nem pela aparência humana.

Muitas vezes será merecedor de culpa diante de mim aquilo que o homem considera louvável.

A voz do discípulo

Ó Senhor Deus, justo juiz, forte e paciente, tu que conheces a fragilidade e a maldade humana, sê minha força, e toda a minha confiança, porque minha consciência não me basta.

Embora nada saiba por mim mesmo, nem por isso posso me justificar, porque, sem tua misericórdia, "ninguém é justo diante de ti" (Sl 143.2).

47

Suporte as coisas ruins pensando na vida eterna

A voz de Jesus

1 Filho meu, não se deixe abater pelas coisas dolorosas que você passou por minha causa, e não se sinta desanimado devido às tribulações que lhe sobrevieram. Deixe que minha promessa o fortaleça e o conforte em todas as circunstâncias.

Posso perfeitamente recompensá-lo acima de toda medida e possibilidade.

Seus sofrimentos aqui não durarão muito tempo, e nem sempre você estará aflito.

Espere um pouco mais, e bem depressa as coisas ruins desaparecerão.

Haverá um momento em que todo trabalho e toda preocupação cessarão.

Dura um instante e é de pouca valia o que passa com o tempo.

2 Tudo o que você fizer, faça com sinceridade; trabalhe fielmente na minha vinha, e eu serei sua recompensa.

Escreva, leia, cante, lamente-se, fique em silêncio, ore, suporte suas cruzes com bravura; a vida eterna vale mais que tudo isso; sim, e de combates ainda maiores.

A paz virá em "um dia que o Senhor conhece, no qual não haverá separação entre dia e noite" (Zc 14.7), isto é, não será no tempo presente. Será uma luz eterna, de brilho infinito, de paz duradoura e repouso seguro.

Então você não dirá mais: "Quem me libertará do corpo sujeito a esta morte?" (Rm 7.24), nem se lamentará: "Ai de mim, que vivo como estrangeiro" (Sl 120.5), porque a morte será derrotada e virá a salvação que não pode falhar; cessará a ansiedade e haverá alegria bendita e comunhão doce e gloriosa.

3 Ah, se você tivesse visto as coroas eternas dos santos no céu, e com que grande glória eles agora se alegram; eles, que no passado eram desprezados pelo mundo e cuja vida não tinha nenhum valor; sem dúvida você se humilharia até o pó hoje, procurando a tudo estar sujeito, em vez de controlar o que quer que seja.

Não haveria também de desejar os dias agradáveis desta vida, preferindo se alegrar em sofrer por amor a Deus, considerando grande lucro ser considerado nada entre os homens.

4 Ah, se você pudesse experimentar essas coisas e permitisse que elas descessem ao fundo do seu coração, não haveria de que se queixar.

Não se devem suportar sofrimentos dolorosos por amor à vida eterna?

Não é pouca coisa perder ou ganhar o reino de Deus.

Portanto, levante o rosto para o céu e contemple a mim, na companhia de todos os meus santos, que neste mundo passaram por grandes tribulações e agora se alegram e são consolados porque estão seguros e descansados, e permanecerão comigo para sempre no reino de meu Pai.

48

O dia da eternidade e as aflições desta vida

A voz do discípulo

1 Ó abençoadíssima mansão da cidade celestial; ó dia claríssimo da eternidade que noite alguma obscurece, e que a Verdade soberana ilumina; ó dia glorioso, seguro e que nunca deixará de ser!

Que esse dia surja logo, e que todas as coisas temporais cheguem ao fim!

Para os santos esse dia brilha com luz eterna, mas, para aqueles que são peregrinos na terra, aparece apenas a distância, como através de um espelho.

2 Os cidadãos do céu sabem perfeitamente como é esse dia; os filhos degredados de Eva, porém, lamentam a amargura e o aborrecimento de tudo isso.

Os dias desta vida são breves e maus, cheios de tristezas e dissabores.

Aqui o homem se corrompe com muitos pecados, cai vítima do laço de muitas paixões, é paralisado por muitos temores, atribulado por muitos cuidados, distraído por muitas curiosidades, prisioneiro de muitas vaidades, circundado por muitos erros, desgastado por muitos trabalhos, sobrecarregado por tentações, debilitado pelos prazeres e atormentado pela necessidade.

3 Ah, quando é que esses males terão fim? Quando serei liberto da escravidão maldita dos meus pecados? Quando, Senhor, pensarei somente em ti? Quando me alegrarei plenamente em ti?

Quando desfrutarei de verdadeira liberdade sem qualquer impedimento que seja, sem nenhum tipo de problema mental e físico?

Quando terei paz de verdade, paz segura e serena, paz por dentro e paz por fora, paz garantida de todas as formas?

Ó misericordioso Jesus, quando te verei? Quando contemplarei a glória do teu reino? Quando serás para mim tudo em tudo?

Ah, quando estarei contigo em teu reino que preparaste para teus amados desde toda a eternidade?

Sou um homem abandonado, pobre e marginalizado na terra de meus inimigos, onde há guerras diárias e grandes desgraças.

4 Consola-me em meu exílio, alivia minha dor, porque tudo em mim aspira a ti.

Porque tudo o que o mundo oferece como conforto é para mim penoso.

Queria te experimentar mais profundamente, mas não consigo.

Meu desejo é me entregar por inteiro às coisas celestiais, mas as coisas temporais e as paixões não mortificadas me oprimem.

Com o espírito, quero elevar-me acima de tudo, mas a carne me obriga a ir contra meu desejo, sujeitando-me a ela.

"Miserável homem que sou" (Rm 7.24), pois luto comigo mesmo, e me tornei um fardo para mim; porque, enquanto meu espírito procura se elevar acima de todas as coisas, a carne quer me empurrar para baixo.

5 Como dói meu coração quando penso nas coisas celestiais e nas do presente! Quando oro, uma multidão de fantasias carnais me sobrevém! Ó meu Deus! Não te afastes de mim, nem te vás irado da presença de teu servo.

Lança tua luz e dispersa as fantasias; arremessa tuas flechas e faze que as imaginações do inimigo batam em retirada.

Vem, reúne em ti e toma para ti meus sentidos, faze que eu esqueça as coisas do mundo, permite que eu me desfaça rapidamente, e com desprezo, de toda imaginação cruel.

Socorre-me, ó verdade eterna, para que vaidade nenhuma me perturbe.

Vem a mim, doçura celestial, para que toda impunidade se retire diante de tua face.

Perdoa-me também e, com misericórdia, trata comigo, porque, quando oro, penso só em ti.

Confesso com toda a sinceridade que estou sujeito a muitas distrações.

Tantas e tantas vezes não estou ali, não estou onde meu corpo se encontra, quer esteja em pé quer sentado, porque me deixo levar por meus pensamentos.

Onde estão meus pensamentos, aí também estou eu e, com frequência, onde estão meus pensamentos, aí também está minha afeição.

Ocorre-me de imediato aquilo que naturalmente me agrada ou por costume me apraz.

6 Por esse motivo, tu que és a verdade, disseste sem rodeios: "Pois onde estiver o seu tesouro, aí também estará o seu coração" (Mt 6.21).

Se amo o céu, penso de bom grado nas coisas celestiais.

Se amo o mundo, alegro-me com a prosperidade do mundo e me entristeço com as adversidades que nele encontro.

Se amo a carne, com frequência me deleitarei imaginando aquilo que a satisfaz.

Se amo o espírito, me alegrarei pensando em coisas espirituais.

Tudo aquilo que eu amar ocupará minha boca e meus ouvidos, e é isso o que levarei comigo.

Bem-aventurado, porém, é o homem que, por amor a ti, ó Senhor, está disposto a abandonar todas as criaturas, que violenta sua própria natureza e, com fervor de espírito, crucifica o desejo da carne. E desse modo, com a consciência serena, pode oferecer a ti súplicas puras, despojando-se de tudo o que é terreno, por dentro e por fora, para que seja assim admitido ao coro dos anjos.

49

O DESEJO DE VIDA ETERNA E AS GRANDES RECOMPENSAS PROMETIDAS A QUEM COMBATER RESOLUTAMENTE

A voz de Jesus

1 Filho meu, quando você perceber o desejo de felicidade eterna que lhe é oferecido do alto e quiser sair desse tabernáculo que é o seu corpo, para que possa contemplar meu brilho sem sombra de mudanças, abra bem o coração e receba esta santa inspiração, acolhendo-a no mais íntimo de seu ser.

Dê graças incomparáveis à bondade celestial, que trata tão bem de você, visitando-o com misericórdia, alimentando seu fervor e conservando-o em pé para que seu próprio peso não o faça cair na direção das coisas terrenas.

Isso não é algo que você consiga por pensamento ou esforço próprio, mas pela mera concessão da graça celestial e do favor divino, para que você prospere em toda virtude e conquiste maior humildade, preparando-se para conflitos futuros e se esforçando para se apegar a mim com toda a afeição do seu coração, servindo-me com desejo fervente.

2 Filho meu, muitas vezes o fogo queima, mas a chama não sobe sem fumaça.

Assim também são os desejos de alguns homens pelas coisas celestiais, mas isso não os livra da tentação das afeições carnais.

Portanto, não é exclusivamente para a glória de Deus que fazem a ele súplicas tão ardentes.

Não raro, são assim também seus vários desejos, que você finge ser tão sérios e sinceros.

Pois não se trata de desejos puros e perfeitos os que se ligam aos interesses e às vantagens especiais que você cultiva.

3 Não pergunte o que é agradável e proveitoso para você, e sim o que é aceitável para mim e promove minha honra, porque, se você julgar corretamente, há de optar por seguir o que prescrevo, e não seu desejo, ou qualquer coisa desejada.

Eu conheço seu desejo e ouvi seus gemidos frequentes.

Agora você quer desfrutar da liberdade gloriosa dos filhos de Deus; agora a morada eterna e as regiões celestiais estão cheias de júbilo e o alegram; contudo, sua hora ainda não chegou. O tempo por enquanto é outro, é tempo de guerra, um tempo de trabalho e de provação.

Você quer ser cheio do Bem soberano, mas não pode ainda atingi-lo.

Sou esse Bem, diz o Senhor, até que o reino de Deus venha.

4 Você ainda deve ser tentado sobre a terra, e exercitado em muitas coisas.

Às vezes a consolação virá, mas não em plenitude.

"Somente seja forte e muito corajoso" (Js 1.7), tanto na hora de fazer coisas contrárias à sua natureza quanto na hora de sofrer.

É preciso que você "se revista do novo homem" (Ef 4.24) e seja transformado em outra pessoa.

Muitas vezes é seu dever fazer o que não deseja, e deixar incompleto o que gostaria de completar.

O que for agradável aos outros, prosperará; aquilo que for seu desejo, não se fará.

O que os outros dizem, será ouvido; o que você diz, de nada valerá. Outros pedirão, e receberão; você pedirá, mas não receberá.

5 Outros serão grandes no louvor dos homens, mas sobre você nada será dito.

A outros serão confiadas muitas coisas, mas você será tido por nada.

Por causa disso, a natureza se verá atribulada, e é muito importante você suportar em silêncio.

Nesse caso, e em muitos outros parecidos, o servo fiel do Senhor está habituado a ser tentado e sabe como resistir e se livrar de todas as coisas.

Dificilmente haverá algo que exija maior mortificação de sua parte do que ver e suportar coisas contrárias a seu desejo, sobretudo quando o que se exige é inconveniente ou pouco proveitoso.

E porque você não ousa resistir ao poder mais elevado, sob cuja autoridade está, difícil lhe parece caminhar de acordo com a ordem de outro, abrindo mão de toda opinião própria.

6 Mas reflita, filho meu, no fruto de seus esforços, no fim próximo e na magnífica recompensa, e você não relutará em suportá-los. Pelo contrário, sua paciência lhe será um grande conforto.

Porque, no lugar daquela pequena vontade de que você abriu mão, haverá outra no céu à sua espera.

Sim, ali você encontrará tudo o que deseja, tudo o que você for capaz de desejar.

Ali você terá a seu alcance todo bem, e sem o temor de perdê-lo.

Ali seu desejo será um com o meu. Não haverá nada nele que seja externo ou particular.

Ali ninguém lhe resistirá, ninguém se queixará de você, ninguém se colocará no seu caminho, nada poderá perturbá-lo. Todas as coisas desejadas ali estarão presentes, renovando ao máximo seus sentimentos de afeição.

Ali darei a você a glória pelas censuras que recebeu, vestimenta de louvor pela aflição e, em vez do lugar mais modesto, um trono real para sempre.

Ali o fruto da obediência aparecerá, o trabalho do arrependimento exultará, e a humilde sujeição será coroada com glória.

7 No presente, portanto, sujeite-se humildemente a tudo, e não se importe com quem disse isso ou ordenou aquilo.

Esforce-se, porém, para que seu superior, ou inferior, ou seu igual, quando exigirem qualquer coisa de você, ou mesmo insinuarem um desejo que seja, recebam integralmente, e com seu esforço sincero, sua decisão de realizá-lo.

Deixe que um busque isso; outro, aquilo. Deixe que esse homem se glorie em uma coisa; aquele, em outra, e seja louvado milhares de vezes. Você, porém, não se regozije nem numa coisa nem noutra. Procure, isso sim, o desprezo próprio, e tão somente em me agradar e me honrar.

Isto é o que você deve desejar: que Deus seja sempre glorificado em você, seja na vida ou na morte.

50

O homem desolado deve se entregar às mãos de Deus

A voz do discípulo

1 Ó Senhor Deus, Pai Santo, bendito sejas tu agora e para sempre, porque, tal como queres, assim se faz, e o que fazes é sempre bom.

Que o teu servo se regozije em ti, não em si mesmo ou em qualquer outra coisa, porque somente tu és a verdadeira felicidade, tu és minha esperança e minha coroa, és minha alegria e minha honra, ó Senhor.

"O que tem teu servo que não tenha recebido de ti" (1Co 4.7), mesmo sem o merecer?

Tuas são todas as coisas, tanto o que tens dado quanto o que fizeste.

Sou pobre e "desde moço tenho sofrido" (Sl 88.15). Por vezes, minha alma se entristece e chego às lágrimas; outras vezes, ela se inquieta dentro de mim por causa dos sofrimentos que ainda virão.

2 Suspiro pela alegria que vem com a paz, desejo sinceramente a paz de teus filhos que são alimentados por ti na luz da tua consolação.

Se tu dás a paz, se derramas alegria santa em meu coração, a alma de teu servo se encherá de melodia e com devoção te louvará.

Se, contudo, te retiras, como tantas vezes o fazes, ele não será capaz de seguir teus mandamentos; antes, cairá de joelhos e baterá no peito, porque hoje, para ele, não é como no passado, quando tua lâmpada brilhava sobre sua cabeça e sob a sombra de tuas asas ele se protegia da tentação que o queria assaltar.

3 Ó Pai justo, sempre digno de louvor, chegou a hora de teu servo ser provado.

Ó Pai amado, é justo e apropriado que, nesta hora, teu servo sofra alguma coisa por amor a ti.

Ó Pai, digno de louvor eterno, chegou a hora que, desde a eternidade, tu já conhecias e sabias que devia vir. Assim, por pouco tempo, teu servo deverá ser oprimido externamente, porém internamente viverá para sempre contigo.

É bom que, por algum tempo, ele seja menosprezado e humilhado, e fracasse aos olhos dos homens e seja devastado por sofrimentos e fraquezas, para que se levante novamente contigo no raiar daquela manhã de luz e seja glorificado no céu.

Pai Santo, foi assim que quiseste, e assim será. Será cumprido aquilo que ordenaste.

4 Porque isso é um favor ao teu amigo, para que ele sofra e seja afligido no mundo por amor a ti, sempre por meio do que, e de quem, permites que as coisas lhe sobrevenham.

Sem teu conselho e sem teu desígnio, nada acontece na terra.

"Foi bom para mim ter sido castigado, para que aprendesse os teus decretos" (Sl 119.71) e me desvencilhasse de toda presunção e de todo orgulho do coração.

Foi bom para mim que a vergonha tenha coberto minha face, para que eu busque em ti minha consolação, e não nos homens.

Com isso aprendi também a temer teus julgamentos inescrutáveis, que afligem o justo e o injusto, embora não sem equidade e justiça.

5 Dou graças a ti, porque não poupaste meus pecados, castigando-me com pesados açoites, afligindo-me dores e enviando-me ansiedades por dentro e por fora.

Não há ninguém sob o céu que possa me consolar, mas tu somente, ó Senhor meu Deus, médico celestial das almas, que feres e curas, que nos lanças no inferno e nos trazes de volta.

Tua disciplina me cobrirá, e tua vara me instruirá.

6 Sim, ó Pai amado, estou em tuas mãos. Curvo-me sob a vara da tua correção.

Fere minhas costas e meu pescoço também, para que minha perversidade esteja sujeita à tua vontade.

Faze de mim um discípulo dócil e humilde tal como queres, para que eu esteja pronto a obedecer a tudo o que teu divino desejo pedir de mim.

Entrego-me a ti e tudo o que há em mim para que me corrijas. É melhor ser punido aqui do que no porvir.

Tu conheces todas as coisas em seu conjunto, e também separadamente, e não há nada na consciência humana que possa ser oculto de ti.

Antes que as coisas aconteçam, tu sabes que hão de acontecer, e não precisas que alguém te ensine algo, ou te aconselhe a respeito das coisas que estão ocorrendo na terra.

Tu sabes do que meu progresso espiritual tem necessidade, e de como a tribulação ajuda a remover a crosta de pecado que há em mim.

Faze comigo conforme bem quiseres, e não me desprezes por causa de minha vida de pecados, que somente tu, e ninguém mais, conheces tão bem.

7 Concede-me, ó Senhor, saber aquilo que vale a pena saber, amar o que vale a pena amar, louvar aquilo que mais te agrada, valorizar aquilo que é precioso para ti e desprezar o que, diante de teus olhos, é desprezível.

Não permitas que eu julgue de acordo com a aparência externa, nem que eu julgue de acordo com o que ouvem os ouvidos dos ignorantes; antes, permite que eu julgue com critérios verdadeiros e saiba distinguir entre as coisas visíveis e espirituais e, sobretudo, busque sempre me conformar com o perfeito desejo de tua vontade.

8 A mente dos homens sempre se engana em seus julgamentos; os amantes do mundo são iludidos por amarem apenas as coisas visíveis.

Como poderá melhorar o homem que os outros têm em alta conta?

O enganador engana os que enganam, o vaidoso aos vaidosos, o cego aos cegos, o fraco aos fracos; com elogios, enganam-se, e na verdade mais o envergonham ao lhe fazer elogios vãos.

"Porque aquilo que cada um é a teus olhos, isto ele é, e nada mais", disse o humilde São Francisco.

51

Pratique obras humildes quando não houver forças para obras mais elevadas

A voz de Jesus

1 Filho meu, nem sempre você conseguirá permanecer no desejo mais fervoroso da virtude, nem persistir no plano mais elevado da contemplação. Às vezes, terá necessariamente, por obra da corrupção original, de descer às coisas inferiores e suportar o fardo da vida corruptível, embora contra sua vontade e com incômodos.

Enquanto você estiver em seu corpo mortal, experimentará fraquezas e um coração aflito.

Desse modo, enquanto estiver na carne, terá muitas vezes de se lamentar pelo fardo desta vida, porque nem sempre você poderá prosseguir em seus exercícios espirituais e em suas contemplações divinas.

2 Então você deve buscar refúgio em obras humildes e externas e se renovar com boas ações, esperando com firme confiança minha vinda e minha visitação divina e suportando com paciência seu exílio e a aridez de espírito, até que eu o visite e o liberte de toda ansiedade.

Farei que você se esqueça de suas antigas dores e desfrute de completa quietude interior.

Abrirei à sua frente os campos prazerosos das Sagradas Escrituras para que, com o coração aberto, você siga meus mandamentos.

Então você dirá: "Nossos sofrimentos atuais não podem ser comparados com a glória que em nós será revelada" (Rm 8.18).

52

Ninguém é digno de conforto, e sim merecedor de castigo

A voz do discípulo

1 Ó Senhor, não sou digno de tua consolação nem de qualquer visitação espiritual. Portanto, tu me tratas com justiça quando me deixas pobre e desolado.

Porque, ainda que eu chorasse um mar de lágrimas, não seria digno de tua consolação.

Por isso, nada mereço, exceto que me fustigues e me castigues, porque te ofendi muitas vezes gravemente, e em muitas coisas pequei enormemente.

No fim das contas, não sou digno sequer da mínima consolação.

Tu, porém, ó gracioso e misericordioso Deus, cujas obras não queres que pereçam, para mostrar as riquezas de tua bondade nos vasos de misericórdia, concedes ao teu servo, a despeito de qualquer merecimento, o conforto que excede o de todos os homens.

Porque os teus confortos não são como os discursos humanos.

2 Que fiz eu, ó Senhor, para que me concedesses qualquer consolação celestial?

Não me lembro de ter feito algum bem, mas sempre fui inclinado ao pecado e lento para a correção.

Tanto isso é verdade que não posso negar. Se eu dissesse outra coisa, tu te levantarias contra mim, e não haveria ninguém para me defender.

Que mereço eu pelos pecados que cometi, senão o inferno e o fogo eterno?

Confesso que, na verdade, mereço todo escárnio e desprezo, e não é justo que eu seja lembrado entre teus servos fiéis.

E, no entanto, embora eu não esteja disposto a ouvir essas coisas, por amor à verdade confessarei os pecados que cometi, para que mais rapidamente conquiste a misericórdia de tuas mãos.

3 Que devo dizer, exceto que sou culpado e estou totalmente confuso?

Minha boca nada pode dizer, a não ser isto: Pequei, ó Senhor! Pequei, tem misericórdia de mim, perdoa-me.

Tem um pouco mais de paciência comigo, para que eu lamente minhas dores antes de entrar na terra das trevas, "terra de sombras e densas trevas" (Jó 10.21).

O que tanto requeres de um pecador culpado e infeliz, senão que esteja contrito e que se humilhe pelos pecados cometidos?

Da contrição verdadeira e do coração humilde surgem a esperança do perdão; a consciência atribulada se reconcilia com Deus. O favor de Deus, antes perdido, é recuperado, e o homem é preservado da ira vindoura, enquanto Deus e a alma penitente se reúnem num ósculo santo.

4 "Os sacrifícios que agradam a Deus são um espírito quebrantado" (Sl 51.17), sabor mais doce na tua presença do que o perfume do incenso.

Essa é também a unção agradável que tu desejas que seja derramada sobre teus pés santos, porque "um coração quebrantado e contrito, ó Deus, não desprezarás" (v. 17).

Este é o lugar de refúgio da face raivosa do inimigo; aqui se realiza o aperfeiçoamento e se limpa qualquer coisa que tenha se corrompido e se deixado poluir em algum lugar.

53
A graça de Deus não combina com quem valoriza coisas terrenas

A voz de Jesus

1 Filho meu, minha graça é preciosa; ela não suporta ser misturada a coisas externas nem a confortos terrenos.

Livre-se, portanto, de todos os empecilhos à graça, se quiser que ela o alcance.

Escolha um lugar secreto só seu, aprenda a desfrutar o tempo que você passa sozinho, não queira conversar com ninguém. Em vez disso, entregue-se à oração devota a Deus, para que sua mente experimente a contrição e sua consciência se mantenha pura.

Considere o mundo como nada. Prefira o contato com Deus a qualquer coisa externa.

Saiba que não é possível se dedicar a mim e, ao mesmo tempo, ter prazer nas coisas transitórias.

Afaste-se dos conhecidos e dos amigos; esvazie a mente de todo conforto temporal.

O abençoado apóstolo Pedro pede que os fiéis de Cristo se comportem como se fossem "estrangeiros e peregrinos no mundo" (1Pe 2.11).

2 Oh, que imensa confiança haverá de ter na hora da morte quem não cultiva afeição nenhuma pelas coisas terrenas!

Todavia, mesmo com o coração assim tão afastado de tudo, a mente enferma e o homem carnal não compreendem ainda o significado da liberdade do homem espiritual.

Mas, se você quiser ser verdadeiramente espiritual, terá de renunciar tanto os que estão distantes como os que estão próximos, e não se preocupará com outra pessoa senão consigo mesmo.

Se você vencer perfeitamente a si mesmo, não terá dificuldade em submeter tudo à sua vontade.

Vitória perfeita é triunfar sobre si mesmo.

Aquele que se mantém submisso de tal modo que suas afeições sensuais obedecem à razão, e sua razão em todas as coisas obedece a mim, esse conquista verdadeiramente a si mesmo, e é senhor do mundo.

3 Se você quiser atingir esse nível, revista-se de coragem e leve o machado à raiz, para que possa arrancar e destruir aquela inclinação oculta desordenada para o eu, bem como todo amor a todo bem que for particular e terreno.

Desse pecado, que leva o homem a amar a si mesmo desordenadamente, depende quase tudo o que há para ser vencido. Então o mal, tendo sido vencido e subjugado, dará lugar a grande paz e tranquilidade.

Todavia, como poucos se esforçam para morrer para si mesmos e a abandonar a si próprios, permanecem presos ao que são, e não podem ser elevados em espírito acima de si mesmos.

Para aquele, porém, que deseja caminhar livremente comigo, é necessário que mortifique todas as afeições perversas e desordenadas, para que não se ajunte a uma criatura qualquer com amor especial.

54

Os diferentes movimentos da natureza e da graça

A voz de Jesus

1 Filho meu, preste atenção aos movimentos da natureza e da graça, porque de uma maneira muito sutil e contrária é que elas se movem, e esse movimento é de difícil interpretação, exceto por parte daquele que é iluminado espiritual e interiormente.

Todo homem deseja o que é bom e finge algum bem naquilo que diz e no que faz. Assim, sob a aparência do bem, muitos se deixam iludir.

A natureza é ardilosa e a muitos seduz, enlaça e engana, e não tem outro fim e propósito senão a si mesma.

A graça caminha com simplicidade, abstém-se da aparência do mal, não se usa de enganos, e tudo faz somente para a glória de Deus, em quem repousa no final.

2 A natureza não mortifica a si mesma, não se submete de bom grado, nem é vencida ou se deixa sujeitar a alguém sem relutância.

A graça preocupa-se com a automortificação, resiste à sensualidade, busca a sujeição, deseja se submeter, não pensa em recorrer à sua própria liberdade, ama ser disciplinada e não quer reinar sobre ninguém; antes, quer sempre viver, permanecer e estar sob Deus, e por amor a Deus está pronta para, humildemente, curvar-se a toda a humanidade.

A natureza luta em busca de vantagens próprias e analisa o proveito que poderá tirar de outrem.

A graça não pensa no que é cômodo e vantajoso para ela, e sim naquilo que é bom para muitos.

A natureza aceita com prazer honras e respeito.

A graça atribui fielmente toda honra e glória a Deus.

3 A natureza receia a vergonha e o desprezo.

A graça se regozija em suportar críticas por amor ao nome de Jesus.

A natureza ama o ócio e o descanso físico.

A graça jamais é ociosa e com alegria abraça o trabalho.

A natureza busca aquelas coisas que são curiosas e belas, e abomina o que é grosseiro e rude.

A graça contenta-se com o que é simples e humilde, não despreza as coisas rústicas nem se recusa a usar o que é velho e remendado.

A natureza se preocupa com as coisas temporais, alegra-se com o ganho terreno, lamenta as perdas e se deixa irritar por qualquer palavrinha injuriosa.

A graça não se preocupa com as coisas terrenas, não se apega a coisas temporais, não se abate com as perdas e não se deixa abalar por palavras duras, porque colocou seu tesouro e prazer no céu, onde nada perece.

4 A natureza é cobiçosa, prefere receber a dar, e ama tudo o que lhe é próprio e a que possa chamar de seu.

A graça é bondosa e comunicativa, evita o interesse próprio, contenta-se com pouco, crê que é mais abençoado dar do que receber.

A natureza inclina o homem para as criaturas, para seu próprio corpo, para as vaidades e para as agitações.

A graça se aproxima de Deus e de toda virtude, renuncia às criaturas, evita se pronunciar, odeia os desejos da carne, limita os passeios e enrubesce ao ser vista em público.

A natureza deseja o conforto externo, porque nele delicia os sentidos.

A graça procura conforto somente em Deus, e tem seu deleite no bem supremo acima de todas as coisas visíveis.

5 A natureza tudo manipula para seu próprio ganho e proveito; ela não suporta fazer nada gratuitamente, mas para cada bondade espera obter igual retorno, ou maior, ou no mínimo louvor ou favor, além de querer muito valorizar suas obras e dons.

A graça não busca coisas temporais, nem deseja qualquer recompensa, exceto Deus; também não pede por mais coisas temporais do que aquilo que possa servi-la para a obtenção das coisas eternas.

6 A natureza se alegra em ter muitos amigos e parentes; ela se gloria em sua condição e em seu berço nobre, sorri para o que é poderoso, bajula os ricos, aplaude os que são como ela.

A graça ama até mesmo seus inimigos, e não se acha cercada de uma multidão de amigos, nem valoriza o berço nobre, a menos que esteja associado a uma virtude mais exaltada.

A graça favorece o pobre, e não o rico, tem mais compaixão do inocente que do poderoso, alegra-se com o homem verdadeiro, e não com o mentiroso.

Ela sempre exorta os homens bons a trabalhar pelos melhores dons e, por meio de todas as virtudes, torná-los parecidos com o Filho de Deus.

A natureza depressa reclama quando lhe falta algo ou quando se sente atribulada.

A graça suporta a necessidade com firmeza e constância.

7 A natureza faz tudo girar em torno de si mesma, luta e briga pensando em si.

A graça remete tudo a Deus, não importa de onde as coisas procedam; ela não atribui bem algum a si mesma, nem presume com arrogância ser alguma coisa; não entra em contenda, nem prefere sua opinião à dos outros. Em tudo o que exige bom senso e compreensão, ela se submete à sabedoria eterna e ao juízo divino.

A natureza deseja conhecer segredos e ouvir novidades; ela gosta de aparecer em público e experimentar muitas coisas por conta própria; quer ser notada e fazer coisas pelas quais seja louvada e admirada.

A graça não se importa com novidades nem se preocupa com curiosidades, porque tudo isso procede da antiga corrupção do homem, uma vez que sobre a terra nada há de novo, nada que perdure.

Assim, a graça ensina a limitar os sentidos, a evitar a vã complacência e a ostentação, e a esconder humildemente as coisas que valem a pena admirar e elogiar. De tudo, e em todo conhecimento, ela busca o fruto proveitoso, o louvor e a honra divina.

Não deseja o elogio de si mesma nem do que a ela pertence; quer, isto sim, que Deus seja bendito em seus dons que, por meio do amor puro e simples, ele concede a todas as coisas.

8 Essa graça é uma luz sobrenatural e dádiva especial de Deus, marca especial dos eleitos e penhor da salvação eterna. A graça eleva o homem das coisas terrenas e o leva a amar as coisas celestiais; de carnal, ela o torna espiritual.

Portanto, quanto mais a natureza for mantida submissa e subjugada, tanto mais será a graça infundida, e, dia a dia, por meio de novas visitações, o homem interior se reforma cada vez mais de acordo com a imagem de Deus.

55

A corrupção da natureza e a eficácia da graça divina

A voz do discípulo

1 Ó Senhor meu Deus, que me criaste à tua imagem e semelhança, concede esta graça que mostraste ser tão grande e tão necessária à salvação, para que eu vença a natureza maligna que me leva ao pecado e à perdição.

Sinto em minha carne a lei do pecado "guerreando contra a lei da minha mente" (Rm 7.23), levando-me cativo à obediência da sensualidade em muitas coisas. Não posso resistir a essas paixões, a menos que tua santíssima graça, com fervor infundido em meu coração, venha me assistir.

2 Tua graça é imprescindível, ó Senhor, e dela precisamos em grandes porções, para que a natureza seja vencida, porque ela é "inteiramente inclinada para o mal desde a infância" (Gn 8.21).

Por meio de Adão, o primeiro homem, estando a natureza corrompida pelo pecado, a penalidade decorrente dessa mancha passou para toda a humanidade, de modo que a "natureza", que por ti foi criada boa e justa, agora se vê tomada pelo pecado e pela enfermidade da natureza corrompida, porque sua inclinação, deixada por si mesma, a induz ao mal e às coisas inferiores.

E, assim, o pequeno poder que permanece é como uma centelha escondida em meio às cinzas.

A razão natural age desse modo, porque à sua volta há trevas; todavia, ainda tem poder para discernir a diferença entre o verdadeiro e o falso, o bem e o mal, embora não tenha condições de realizar tudo o que deseja, e não possa desfrutar mais da luz plena da verdade nem da profundidade das afeições.

3 Portanto, ó meu Deus, que eu possa "no íntimo do meu ser ter prazer em tua lei" (Rm 7.22), sabendo que teu mandamento é bom, justo e santo, reprovando ainda todo mal e todo pecado, ensinando o que deve ser evitado.

Mas com a carne eu sirvo à lei do pecado, e obedeço à sensualidade, e não à razão.

Assim, "tenho o desejo de fazer o que é bom, mas não consigo realizá-lo" (Rm 7.18).

Assim, sempre me proponho a fazer muitas coisas boas, mas, como me falta graça para me auxiliar em minha fraqueza, resisto pouco tempo e então recuo e desanimo.

Assim, sucede que conheço o caminho da perfeição, e vejo com clareza suficiente como devo agir; entretanto, pressionado pelo peso de minha própria corrupção, não alcanço aquilo que é perfeito.

4 Ó Senhor, como necessito desesperadamente de tua graça para começar, continuar e concluir o que é bom!

Porque sem ela nada posso fazer, mas em ti posso todas as coisas sempre que tua graça me fortalece.

Ó graça verdadeiramente celestial! Sem ela nossas ações mais valiosas nada valem, nem valem alguma coisa os dons da natureza.

Nem artes nem riquezas, beleza ou força, gênio ou eloquência, têm algum valor diante de ti sem tua graça, ó Senhor.

Porque as dádivas da natureza são comuns a bons e maus, mas a dádiva especial dos eleitos é a graça e o amor; os que trazem consigo essa marca ilustre estão entre os que merecem a vida eterna.

Tão preciosa é essa graça que nem o dom da profecia, nem a operação de milagres, nem a meditação mais elevada que seja valem alguma coisa sem ela.

Não, nem mesmo a fé e a esperança, ou quaisquer outras virtudes, são aceitáveis diante de ti sem amor e graça.

5 Ó benditíssima graça, que faz do pobre em espírito rico em virtudes e faz do rico em muitos bens humilde de coração!

Vem a mim, vem e supre-me novamente desde logo com tua consolação, para que minha alma não desfaleça de cansaço e de sede.

Eu te imploro, ó Senhor, que possa achar graça a teus olhos, porque tua graça é suficiente para mim, uma vez que há coisas pelas quais a natureza aspira e eu não alcanço.

Embora eu seja tentado e atormentado por muitas tribulações, não temerei mal nenhum enquanto tua graça estiver comigo.

Só ela é minha força; só ela me aconselha e me ajuda.

Ela é mais forte que todos os meus inimigos, e mais sábia que todos os sábios.

6 Tua graça é mestra da verdade e da disciplina, luz do coração e conforto na aflição; ela espanta as tristezas e o medo, induz à devoção e é mãe das lágrimas.

Sem isso, que sou eu, senão um ramo ressequido, um tronco inútil que só serve para ser lançado fora!

Que tua graça, ó Senhor, sempre me guarde e me acompanhe, e me faça sempre disposto às boas obras, por meio do teu Filho Jesus Cristo. Amém.

56
Negue a si mesmo e imite a cruz de Cristo

A voz de Jesus

1 Filho meu, quanto mais você sair de si mesmo, tanto mais poderá entrar em mim.

Assim como o esvaziamento do desejo de coisas externas produz paz interior, também o abandono interior de si mesmo causa a união com Deus.

Aprenda a perfeita renúncia de si mesmo e submeta-se à minha vontade sem oposição ou queixas.

Siga-me: "Eu sou o caminho, a verdade e a vida" (Jo 14.6). Sem o caminho, não há como caminhar; sem a verdade, não há como conhecer; sem a vida, não há como viver. Eu sou o caminho que você deve seguir, a verdade em que deve confiar e a vida em que deve esperar.

Sou o caminho inviolável, a verdade infalível, a vida infinita.

Sou o caminho reto, a verdade soberana, a vida verdadeira, bendita e incriada.

Se você permanecer em mim, "conhecerá a verdade, e a verdade o libertará" (Jo 8.32), e assim alcançará a vida eterna.

2 "Se você quer entrar na vida, obedeça aos mandamentos" (Mt 19.17).

Se quer conhecer a verdade, creia em mim.

"Se quer ser perfeito, vá, venda os seus bens" (Mt 19.21).

"Se quer ser meu discípulo, negue-se a si mesmo" (Lc 9.23).

Se quer ter uma vida feliz, despreze a presente vida.

Se quer ser exaltado no céu, humilhe-se a si mesmo neste mundo.

Se quer reinar comigo, tome sua cruz.

Porque somente os servos da cruz encontrarão o caminho da felicidade e da luz verdadeira.

A voz do discípulo

3 Ó Senhor Jesus, por mais que teu modo de viver seja difícil e desprezado pelo mundo, concede-me graça para te imitar, mesmo que eu receba o desprezo do mundo.

"O discípulo não está acima do seu mestre, nem o servo acima do seu senhor" (Mt 10.24).

Que teu servo se exercite em teu modo de viver e no que dizes, porque nisso consiste minha salvação e a verdadeira santidade.

Que tudo o que eu leia ou ouça além disso não me divirta nem me proporcione prazer pleno.

A voz de Jesus

4 Filho meu, agora que você sabe e já leu todas essas coisas, feliz será se colocá-las em prática.

"Quem tem os meus mandamentos e os segue, esse é o que me ama. Aquele que me ama será amado por meu Pai, e eu também o amarei e me revelarei a ele" (Jo 14.21) e farei que se sente comigo no reino do meu Pai.

A voz do discípulo

Ó Senhor Jesus, conforme disseste e prometeste, assim seja. Concede que eu não seja de todo indigno desse favor.

Recebi a cruz, recebi-a de tua mão, vou suportá-la e carregá-la até a morte, porque foste tu que a puseste sobre mim.

Certamente a vida da pessoa religiosa de verdade é uma cruz, mas é também um guia para o paraíso.

Já começou, e não é justo retroceder; não se deve abandonar o que se começou.

5 Coragem, irmãos! Vamos juntos adiante, Jesus estará conosco.

Por amor a Jesus tomamos a cruz, por amor a Jesus perseveremos na cruz.

Ele será nosso ajudador, guia e precursor.

Eis que nosso rei marcha adiante de nós; por nós ele lutará.

Sigamos em frente corajosamente, que ninguém se aterrorize. Estejamos preparados para morrer com bravura na batalha. Não manchemos nossa glória fugindo da cruz.

57

Não fique excessivamente desanimado, mesmo que cometa alguns erros

A voz de Jesus

1 Filho meu, paciência e humildade nas adversidades são para mim mais importantes que conforto e devoção na prosperidade.

Você está assim aflito só por que disseram qualquer coisinha que o ofendeu?

Mesmo que fosse alguma coisa muito pior, não deveria ter ficado abalado.

Mas deixe para lá. Não é a primeira vez que isso acontece, e também não será a última. Se você viver bastante, verá que não há nisso nenhuma novidade.

Você é muito corajoso, contanto que não depare com nenhuma adversidade pelo caminho.

Também é bom para dar conselhos e animar os outros com suas palavras, mas, quando uma tribulação qualquer aparece subitamente em seu caminho, você não tem nada de bom a dizer e desfalece.

Observe então sua grande fragilidade, da qual você já provou em ocorrências banais.

Todavia, é para o seu bem que essas coisas acontecem.

2 Afaste tudo isso do seu coração tanto quanto puder, e, mesmo que algo o atinja, não se sinta desanimado nem fique aturdido por muito tempo.

Se não for possível suportar com alegria, suporte ao menos com paciência.

Embora você não queira ouvir certas palavras e se sinta indignado com elas, contenha-se, e não permita que alguma palavra destemperada saia de sua boca, para não ofender nenhum pequenino de Cristo.

A tempestade que hoje se levanta logo se acalmará, e a angústia interior se abrandará pelo retorno da graça.

Vivo ainda, diz o Senhor, e estou pronto para ajudá-lo e para lhe dar conforto maior do que antes, contanto que você confie em mim e me invoque com devoção.

3 Seja uma alma mais paciente, e prepare-se para suportar mais coisas.

Nem tudo está perdido, embora você se sinta muitas vezes aflito ou seriamente tentado.

Você é homem, e não Deus; é carne, e não anjo.

Como poderá permanecer sempre no mesmo estado de virtude se os anjos que estavam no céu, e mesmo o primeiro homem no paraíso, todos eles caíram?

Eu sou aquele que fortalecerá com saúde os que gemem, e que alçará à glória divina os que conhecem sua própria enfermidade.

A voz do discípulo

4 Ó Senhor, "como são doces para o meu paladar as tuas palavras! Mais que o mel para a minha boca!" (Sl 119.103).

Que farei em meio a tantas tribulações e necessidades se não me confortares com tuas santas palavras?

Que importa quanto sofro, ou por que motivo sofro, desde que alcance finalmente o porto da salvação?

Concede-me, ó Deus, um bom final; dá-me uma passagem feliz para fora deste mundo.

Lembra-te de mim, ó meu Deus, e guia-me pelo caminho reto ao teu reino. Amém.

58

Não tente entender as coisas elevadas e os juízos ocultos de Deus

A voz de Jesus

1 Filho meu, cuidado para não se envolver com assuntos elevados e com os juízos ocultos de Deus. Não se pergunte por que um homem foi abandonado enquanto o outro é tão favorecido, ou, ainda, por que há homens tão abatidos enquanto outros são tão exaltados.

Essas coisas estão além do alcance do entendimento humano, e não cabe à força da razão ou da argumentação esquadrinhar os juízos de Deus.

Quando o inimigo lhe sugerir essas coisas, ou gente curiosa fizer esse tipo de pergunta, responda como o profeta: "Justo és, Senhor, e retas são as tuas ordenanças" (Sl 119.137).

E ainda: "As ordenanças do Senhor são verdadeiras, são todas elas justas" (Sl 19.9).

Meus juízos devem ser temidos, e não discutidos, porque o entendimento humano não pode compreendê-los.

2 Do mesmo modo, aconselho você a não indagar nem disputar a respeito dos méritos dos santos, sobre qual deles é mais santo que o outro, ou qual é maior no reino dos céus.

Essas coisas muitas vezes causam brigas e disputas sem proveito. Além disso, alimentam também o orgulho e a glória vã. Por isso, desfaça-se da inveja e das dissensões, porque um há de preferir isso e outro aquilo.

3 De nada adianta desejar conhecer e explorar esse tipo de coisa, e disso não se agradam os santos. Isso é amor humano, e não divino.

Eu fiz todos os santos; concedi graça a eles e lhes conferi glória.

Sei o que cada um mereceu; concedi a eles as bênçãos da minha bondade.

Conheci de antemão meus amados antes da fundação do mundo.

Escolhi-os do mundo; não foram eles que me escolheram primeiro.

Chamei-os pela graça, atraí-os pela misericórdia e conduzi-os com segurança no meio de inúmeras tentações.

Derramei sobre eles consolações gloriosas, dei-lhes perseverança e coroei-os com paciência.

4 Conheço o primeiro e o último, e a todos abraço com amor inestimável.

Todos os santos me louvarão; serei bendito acima de todas as coisas e honrado em todos os que exaltei gloriosamente e predestinei sem que tivessem nenhum mérito anterior.

Aquele, portanto, que desprezar o menor dos meus santos, não honra o maior deles, porque, "pequenos ou grandes, fui eu quem os fiz" (Sb 6.7, BJ).

Aquele que desprezar qualquer um dos meus santos, despreza também a mim, e a todos os demais que estão no reino dos céus.

Todos eles são um só num elo de amor. Pensam todos do mesmo jeito, têm o mesmo desejo e todos amam uns aos outros.

5 Além disso, e sobretudo, eles me amam mais do que amam a si mesmos ou do que quaisquer méritos que possam ter.

Elevados acima do amor próprio, dedicam-se totalmente a me amar, e em mim repousam e se deleitam totalmente.

Nada pode fazê-los recuar, nada pode desanimá-los, porque, estando cheios da verdade eterna, ardem com o fogo da caridade inextinguível.

Portanto, que o homem carnal e natural, cuja preocupação principal são os prazeres particulares, abstenha-se de discutir a situação dos santos. Eles aumentam e diminuem de acordo com suas fantasias, e não em conformidade com o que agrada a verdade eterna.

6 Muitos são ignorantes, principalmente aqueles que têm pouca luz, e estes raramente amam alguém com amor espiritual perfeito.

Eles se sentem atraídos por uma afeição natural e por uma amizade humana a esse ou àquele homem. Conforme a experiência que têm em relação a suas afeições humanas, assim concebem em sua imaginação as coisas celestiais.

Todavia, há uma distância incomparável entre as coisas que os imperfeitos imaginam e aquelas que os iluminados são capazes de vislumbrar pela revelação do alto.

7 "Não procure o que é muito difícil para você, não investigue o que vai além de suas forças" (Sb 6.7, BJ); antes, aplique-se de tal modo em seus esforços para que você possa, pelo menos, ocupar o menor dos lugares no reino de Deus.

Ainda que alguém conheça quem exceda outro em santidade, ou que seja considerado grande no reino dos céus, de que lhe adiantaria essa sabedoria se ele não se humilhar ainda mais diante de mim e louvar meu nome com louvores elevados na mesma proporção desse conhecimento?

Agrada mais a Deus quem medita na dimensão de seus pecados e na pequenez de suas graças, e em quão longe se encontra da perfeição dos santos, do que aquele que disputa a magnitude de sua grandeza ou de sua pequenez.

8 Os santos ficam contentes; sim, muito contentes, se os homens se contiverem evitando os discursos vãos.

Eles se gloriam não em seus próprios méritos, porque não creditam bem algum a si mesmos, e sim a mim que, por meio de meu infinito amor, concedi a eles todas as coisas.

Eles estão cheios de tanto amor da divindade, e de tanta alegria transbordante, que não há glória ou felicidade que lhes falte ou possa vir a faltar.

Todos os santos, quanto mais alto estão na glória, tanto mais humildes são, e mais próximos e mais queridos de mim.

Por isso está escrito que eles lançavam suas coroas diante de Deus, caíam por terra diante do Cordeiro e "adoravam aquele que vive para sempre" (Ap 4.10).

9 Muitos indagam quem é o maior no reino de Deus, mas não sabem sequer se serão contados entre os menores deles.

É algo muito importante ser pelo menos o menor no céu, onde todos são grandes, porque todos serão chamados de, e serão de fato, filhos de Deus.

"O mais pequenino se tornará mil" (Is 60.22), e "quem morrer aos cem anos ainda será jovem" (Is 65.20).

Porque quando os discípulos perguntaram quem era o maior no reino dos céus, receberam a seguinte resposta:

"Eu lhes asseguro que, a não ser que vocês se convertam e se tornem como crianças, jamais entrarão no Reino dos céus. Portanto, quem se faz humilde como esta criança, este é o maior no Reino dos céus" (Mt 18.3-4).

10 Ai daqueles que não acham importante se humilhar e não desejam ser como crianças pequenas, porque a porta estreita do reino dos céus não lhes dará entrada.

Ai dos ricos, que têm aqui seu conforto, porque, enquanto os pobres entram no reino de Deus, eles ficarão de fora se lamentando.

Alegrem-se os humildes, e vocês pobres encham-se de alegria, porque o reino de Deus é de vocês, se andarem de acordo com a verdade.

59

Nossa esperança e confiança devem ser colocadas somente em Deus

A voz do discípulo

1 Senhor, que confiança posso ter nesta vida? Qual é o maior conforto que podem me dar as coisas debaixo do céu?

Não és tu, ó Senhor meu Deus, cujas misericórdias não têm fim, meu maior conforto?

Quando foi que estive bem e tu não estiveste comigo? Ou quando estive mal e tu comigo estavas?

Prefiro ser pobre por amor a ti a ser rico sem ti.

Prefiro ser peregrino na terra contigo a possuir o céu sem ti. Onde estás, aí é céu, e onde não estás, ali é morte e inferno.

Tu és tudo o que desejo, por isso suspiro, clamo e oro com fervor a ti.

Em suma, não há ninguém em quem eu possa confiar, ninguém que possa me ajudar no momento certo com minhas necessidades, mas somente tu, meu Deus.

Tu és minha esperança, confio em ti, és meu consolador, e em todas as coisas fidelíssimo a mim.

2 "Pois todos buscam os seus próprios interesses" (Fp 2.21), mas somente tu te ocupas da minha salvação e do que me aproveita, e tudo converteis em bem para mim.

Embora tu me exponhas a várias tentações e adversidades, ainda assim ordenas tudo para o meu bem, pois provas teus amados de mil maneiras.

Nas provações não te amo nem te louvo menos do que nos momentos em que me enches de confortos celestiais.

3 Em ti, portanto, ó Senhor Deus, coloco toda a minha esperança e refúgio; em ti lanço minhas tribulações e angústias, porque em tudo o que há fora de ti vejo apenas fragilidade e inconstância.

Porque de nada adianta ter muitos amigos, de nada vale a ajuda de gente poderosa, nem os conselhos prudentes conseguem dar uma resposta que seja útil, nem os livros dos estudiosos proporcionam consolo, não há substância que satisfaça, nem lugar algum, por mais retirado e aprazível, que possa servir de abrigo, a menos que tu estendas tua mão, que ajudes, fortaleças, consoles, instruas e nos guardes.

4 Porque todas as coisas que parecem levar à conquista da paz e da felicidade, sem ti, nada são e não promovem a verdade nem a felicidade.

Pois tu és o fim de tudo o que é bom, és o apogeu da vida, a profundidade de tudo o que pode ser pronunciado. Esperar em ti acima de todas as coisas é o maior conforto para teus servos.

A ti, portanto, ergo meus olhos; em ti, meu Deus, Pai de misericórdias, ponho minha confiança.

Abençoa e santifica minha alma com tuas bênçãos celestiais, para que ela se torne tua santa habitação e trono de tua glória eterna. Que nada seja encontrado neste templo de tua dignidade que ofenda os olhos de tua majestade.

Conforme a grandeza de tua bondade e a multidão de tuas misericórdias, olha para mim e ouve a oração de teu pobre servo exilado longe de ti, na terra da sombra e da morte.

Protege-me e guarda a alma deste menor dos teus servos em meio a tantos perigos desta vida corruptível, e, com tua graça me acompanhando, direciona-a pelo caminho da paz a seu lar de brilho eterno. Amém.

Livro 4

Sobre o sacramento

Exortação devota à santa comunhão

A voz de Jesus

"Venham a mim, todos os que estão cansados e sobrecarregados, e eu lhes darei descanso" (Mt 11.28), diz o Senhor.

"Este pão é a minha carne, que eu darei pela vida do mundo" (Jo 6.51).

"Tomem e comam; isto é o meu corpo, que é dado em favor de vocês; façam isto em memória de mim" (Mt 26.26; 1Co 11.24).

"Todo aquele que come a minha carne e bebe o meu sangue permanece em mim e eu nele" (Jo 6.56).

"As palavras que eu lhes disse são espírito e vida" (Jo 6.63).

1
Receba Cristo com grande reverência

A voz do discípulo

1 Essas são tuas palavras, ó Cristo, verdade eterna, embora não pronunciadas todas de uma vez, não escritas todas elas num mesmo lugar. Desse modo, porque são tuas e verdadeiras, devem ser recebidas com ações de graças e com fidelidade.

Elas são tuas, tu as pronunciaste. Também são minhas, porque tu as disseste para minha salvação.

Recebo-as com alegria de tua boca, para que profundamente se enraízem em meu coração.

Essas palavras tão graciosas, tão plenas de doçura e de amor, muito me encorajam; contudo, minhas ofensas pessoais me entristecem, e a consciência impura me impede de acolher mistérios tão magníficos.

A doçura de tuas palavras me anima, mas a multidão dos meus pecados me deprime.

2 Tu me ordenas que me aproxime de ti com confiança se quiser ter parte contigo, se quiser receber o alimento da imortalidade e alcançar vida eterna e glória.

"Venham a mim", dizes tu, "todos os que estão cansados e sobrecarregados, e eu lhes darei descanso" (Mt 11.28).

Ó doce e afetuosa palavra aos ouvidos do pecador esta pela qual tu, meu Senhor Deus, convidas o pobre e o necessitado a participar de teu corpo santíssimo!

Mas quem sou eu, Senhor, que ousa se aproximar de ti?

Pois nem o céu dos céus podem te conter, e tu dizes: "Venham todos a mim"?

3 Como devo interpretar essa condescendência tão graciosa e esse convite tão amoroso?

Como ousarei aceitá-lo, eu que não tenho nada de bom em mim mesmo em que possa me apoiar?

Como haverei de acolher-te em minha casa, eu que tantas vezes ofendi tua benigníssima face?

Anjos e arcanjos te contemplam maravilhados; santos e justos te temem, e tu dizes: "Venham todos a mim"?

Se tu não o tivesses dito, ó Senhor, quem acreditaria que pudesse ser verdade?

E se tu não tivesses ordenado, quem ousaria se aproximar de ti?

Eis que Noé, um homem justo, trabalhou centenas de anos na construção da arca, para que pudesse ser salvo juntamente com alguns poucos. Como posso eu, em poucas horas, preparar-me para receber com reverência o Criador do mundo?

4 Moisés, teu grande servo e teu amigo especial, construiu uma arca de madeira incorruptível, coberta com o mais fino ouro, e lá colocou as tábuas da lei. E eu, criatura corrupta, como ousarei receber com tamanha indiferença o Criador da lei e Doador da vida?

Salomão, o mais sábio dos reis de Israel, levou sete anos para edificar um templo magnífico em louvor ao teu nome.

Ele celebrou também a festa da dedicação do templo durante oito dias; ofereceu milhares de sacrifícios de comunhão e, solenemente, pôs a arca da aliança no lugar designado ao som de trombetas e muita alegria.

E eu, o mais miserável e pobre dos homens, como poderei te acolher em minha casa, eu que raramente passo meia hora em devoção verdadeira? Como eu gostaria de passar pelo menos meia hora de maneira digna e apropriada!

5 Ó meu Deus, com que dedicação eles estudaram e se esforçaram para agradar a ti!

E como é tão pouco o que faço! Passo tão pouco tempo me preparando para receber a comunhão!

Raramente estou concentrado, poucas vezes estou livre de distrações.

E, no entanto, não há dúvida de que na presença de tua divindade, que concede a vida, nenhum pensamento impróprio pode ter lugar; e criatura nenhuma deve ocupar meu coração, porque estou prestes a receber não um anjo, e sim o Senhor dos anjos.

6 Todavia, é enorme a diferença entre a arca da aliança, com suas relíquias, e o teu corpo puríssimo, com tuas virtudes inefáveis; entre esses dois sacrifícios prescritos pela lei, figuras de coisas do porvir, e o verdadeiro sacrifício do teu corpo, cumprimento de antigos sacrifícios.

Então, por que não busco tua adorável presença com maior zelo e fervor?

Por que não me preparo com maior solicitude para receber tua presença adorável? Os patriarcas santos e profetas de tempos remotos, sim, reis também, e príncipes, com todo o povo, demonstravam enorme afeição e devoção ao teu culto divino.

7 O devotíssimo rei Davi dançou diante da arca de Deus com todo o poder que tinha, relembrando os benefícios concedidos em tempos passados a seus ancestrais. Ele fez instrumentos de vários tipos, escreveu salmos, e ordenou que fossem cantados com alegria ao som da harpa mediante inspiração do Espírito Santo. Ele ensinou o povo de Israel a louvar a Deus de todo o coração, e a te louvar e a te bendizer todos os dias com vozes cheias de harmonia.

Se houve grande devoção, e se houve tamanha celebração do louvor divino diante da arca da aliança, quanta reverência e devoção devo demonstrar, e também todos os cristãos, durante a ministração do sacramento, ao recebermos o corpo tão precioso de Cristo?

8 Muitos partem para lugares diversos a fim de visitar as relíquias dos santos que se foram, ouvem com admiração seus feitos, contemplam com assombro os edifícios espaçosos de seus templos, e beijam os ossos santos envoltos em seda e ouro.

Mas eis que tu és aqui presente comigo em teu altar, meu Deus, Santo dos santos, Criador de todas as coisas e Senhor dos anjos.

Muitas vezes, ao contemplar essas coisas, as pessoas se sentem movidas pela curiosidade e pela novidade de visões inéditas, e com pouco ou nenhum fruto de correção ao voltarem para casa, principalmente quando vão de um lugar ao outro com tanta displicência e sem um coração arrependido.

Aqui, porém, neste santo sacramento, tu estás plenamente presente, meu Deus, o homem Cristo Jesus; aqui, a todos os que vêm te receber com dignidade e devoção, tu concedes frutos plenos de salvação eterna.

Não existe aqui nada que seja leviano e atraia os homens, seja por motivo de sensualidade ou de curiosidade, nada, a não ser a fé firme, a esperança devota e a caridade sincera.

9 Ó Deus, Criador invisível do mundo, de que maneira maravilhosa tu lidas conosco! Com que doçura e graça tu dispões sobre todas as coisas relativas a teus eleitos, a quem ofereces a ti mesmo no sacramento!

Porque tudo isso excede, verdadeiramente, toda compreensão. Desse modo, atrais o coração dos devotos e inflamas suas afeições.

Porque até mesmo teus fiéis, que dedicam toda a sua vida à correção por meio deste sacramento tão precioso, muitas vezes recebem muita graça de devoção e amor à virtude.

10 Ó graça admirável e oculta deste sacramento, que somente os fiéis de Cristo conhecem, e que os descrentes, escravizados ao pecado, não podem experimentar!

Neste sacramento, a graça espiritual nos é conferida, a força que a alma havia perdido lhe é restituída, e a beleza que havia sido desfigurada pelo pecado agora retorna.

Esta graça é por vezes tão grande que, na plenitude da devoção concedida, não só na mente, mas também no corpo frágil, cresce a força.

11 Todavia, nossa frieza e negligência são dignas de muita pena e lamentos, porque não nos aproximamos com grande afeição para receber a Cristo, em quem está toda a esperança e todo o mérito daqueles que hão de se salvar.

Porque ele, e somente ele, é nossa santificação e redenção; ele apenas é o conforto daqueles que não passam de viajantes aqui; ele, que é a fruição eterna dos santos.

Por isso, é de se lamentar muito que tantos reflitam tão pouco sobre esse mistério da salvação, que provoca alegrias no céu e preserva o mundo todo.

A cegueira e a dureza do coração do homem não ponderam atentamente nessa dádiva inefável e, pelo uso diário que fazem dela, acabam por considerá-la pouca coisa!

12 Porque se este sacramento santíssimo fosse celebrado em um local apenas, e consagrado por um único ministro no mundo todo, com que imenso desejo as pessoas afluiriam àquele lugar na busca daquele ministro de Deus, a fim de testemunhar a celebração desses mistérios divinos!

Mas hoje há muitos ministros, e em muitos lugares Cristo é oferecido, para que a graça e o amor de Deus se tornem muito mais abrangentes quanto mais o sacramento da comunhão é disseminado pelo mundo.

Graças a ti, ó misericordioso Jesus; tu, eterno pastor, que consentiste em dar sustento a nós, que somos pobres e exilados, com teu precioso corpo e teu precioso sangue. Tu nos convidas a receber esses mistérios com as palavras que tu mesmo pronunciaste: "Venham a mim, todos os que estão cansados e sobrecarregados, e eu lhes darei descanso" (Mt 11.28).

2
NESTE SACRAMENTO REVELA-SE AO HOMEM A IMENSA BONDADE E O GRANDE AMOR DE DEUS

A voz do discípulo

1 Na confiança em tua bondade e em tua grande misericórdia, ó Senhor, chego-me como doente ao médico, faminto e sedento à fonte da vida, miserável necessitado ao Rei do céu, o servo ao seu Senhor, a criatura ao Criador, a alma desolada a seu doce Consolador.

Mas de onde vem isso, de que tu consentes em vir a mim? Que sou eu para que te dês a ti mesmo a mim?

Como ousa o pecador aparecer diante de ti? Como consentes em vir até um pecador?

Tu conheces teu servo, vês que ele não tem em si nada de bom para que concedas a ele teu favor.

Confesso, portanto, minha indignidade, reconheço tua bondade, louvo tua terna misericórdia e te dou graças por teu amor transcendente.

Porque fazes isso por amor a ti mesmo, não por quaisquer méritos meus, para que eu conheça melhor tua bondade, para que teu amor seja derramado ricamente, e para que tua humildade graciosa se revele de maneira mais evidente.

Portanto, uma vez que é teu prazer, e tu ordenaste que assim fosse, essa tua condescendência também me é muito agradável; que minha iniquidade não seja empecilho a ela!

2 Ó dulcíssimo e benigníssimo Jesus, quanta reverência e ações de graças, quanto perpétuo louvor sejam dados a ti por eu receber teu corpo santo, cuja preciosidade nenhum mortal é capaz de exprimir!

Mas em que pensarei na hora da comunhão, isto é, ao me aproximar de meu Senhor, a quem não sou capaz de honrar como deveria e, todavia, a quem nada posso senão desejar receber?

Que posso pensar de melhor e de mais proveitoso do que humilhar-me completamente diante de ti e exaltar tua bondade infinita acima de mim?

Louvo-te, meu Deus, e te exaltarei para sempre. Desprezo-me e curvo-me diante de ti até as entranhas de minha indignidade.

Pois tu és o Santo dos santos, e eu o mais miserável dos pecadores!

Pois tu te inclinas em minha direção, eu que não sou digno sequer de levantar os olhos em tua direção!

Pois tu vens a mim; é teu desejo estar comigo; tu me convidas ao teu banquete.

Queres me dar o alimento espiritual e queres que me sirva do pão dos anjos, que não é outro senão tu mesmo, o Pão Vivo, que desce do céu e dá vida ao mundo.

3 Eis de onde procede esse amor! Quão graciosa complacência emana de ti! Quantas graças e quantos louvores devem ser dados a ti por esses benefícios!

Como é bom e proveitoso o teu conselho quando tu o ordenas! Como é doce e agradável o banquete quando tu mesmo és nosso alimento!

Como é maravilhoso o que fazes, ó Senhor, como é grande teu poder, como é inexprimível tua verdade!

Porque tu pronunciaste tua palavra e todas as coisas foram criadas, e o que ordenaste se fez.

4 Obra de grande admiração, digna de toda fé e que ultrapassa o entendimento humano é esta, meu Senhor Deus, verdadeiro Deus e homem: que tu te ofereças inteiro a nós num pão pequenino e num pouco de vinho, e dessa forma se torne nosso sustento inexaurível.

Tu és Senhor de todas as coisas e de nada tens necessidade; tu te agradas de viver em nós por meio de teu santo sacramento.

Preserva imaculados meu coração e meu corpo, para que com uma consciência alegre e pura possa eu sempre celebrar e receber para meu bem-estar duradouro esses mistérios que tu especialmente ordenaste e instituíste para tua honra e memória eterna.

5 Alegre-se, ó minha alma, e dê graças a Deus pela dádiva tão nobre e pela consolação tão preciosa que lhe foram dadas neste vale de lágrimas.

Porque sempre que celebrar esse mistério e receber o corpo de Cristo, com igual frequência você recordará a obra de sua redenção e se tornará participante de todos os méritos de Cristo.

Porque o amor de Cristo jamais diminui, e a grandeza de sua propiciação jamais se esgota.

Assim, é preciso que você se disponha a uma renovação constante da mente, considerando com atenção esse grande mistério de salvação.

Tão grande, nova e alegre ela há de parecer quando você celebrar ou participar desses santos mistérios, como se nesse mesmo dia Cristo descesse ao ventre da virgem e se fizesse homem, ou, pendurado na cruz, sofresse e morresse pela salvação da humanidade.

3

É bom participar da ceia do Senhor com frequência

A voz do discípulo

1 Eis, Senhor, que venho a ti para ser consolado por tuas dádivas e me deleitar no santo banquete que tu, ó Deus, em tua bondade preparaste para os pobres.

Em ti estão todas as coisas que posso ou devo desejar; tu és minha salvação e minha redenção, minha esperança e minha força, minha honra e minha glória.

"Alegra o coração do teu servo, pois a ti, Senhor, elevo a minha alma" (Sl 86.4).

Desejo te receber agora com devoção e reverência. Anseio te acolher em minha casa, para que com Zaqueu eu mereça ser abençoado por ti e ser contado entre os filhos de Abraão.

Minha alma anseia receber teu corpo, meu coração deseja se unir ao teu.

2 Basta-me que tu te dês a mim, porque fora de ti não há conforto.

É impossível existir sem ti, e é insuportável viver sem tua visitação.

Desse modo, preciso sempre estar perto de ti e te receber para o bem-estar de minha alma, para que eu não desfaleça no caminho se destituído for do alimento espiritual.

Por isso mesmo, ó misericordiosíssimo Jesus, tu disseste uma vez quando pregaste às pessoas e curaste doenças diversas: "Não quero mandá-los embora com fome, porque podem desfalecer no caminho" (Mt 15.32).

Trata-me, portanto, de igual modo agora, porque concordaste em permanecer no sacramento para a consolação dos fiéis.

Porque tu és a doce refeição da alma, e aquele que se serve de ti com dignidade será participante e herdeiro da glória eterna.

É preciso que eu, que tantas vezes caio em erros e no pecado, que com frequência perco a sensibilidade e desfaleço, e que pela oração e confissão contínuas, e pela participação no teu santo corpo, possa me renovar, me purificar e me inflamar para que, pela longa abstenção, não me desvie de meus propósitos santos.

3 "Pois o coração do homem é inteiramente inclinado para o mal desde a infância" (Gn 8.21), e, a menos que lhe seja receitado algum remédio divino, sua piora é certa.

A santa comunhão, portanto, afasta do mal e fortalece no bem.

Porque, se eu for agora negligente e frio quando comungo ou celebro, que será de mim se não receber este remédio e não buscar tão grande ajuda?

Embora nem sempre eu esteja pronto ou preparado para comungar, mesmo assim me esforçarei sempre que possível para receber os divinos mistérios e ser participante de graça tão magnífica.

Pois esta é a consolação máxima das almas fiéis enquanto estiverem longe de ti neste corpo mortal: atentando com frequência para seu Deus, receberam devotamente seu amado.

4 Oh, que maravilhosa condescendência de tua terna misericórdia para conosco é que tu, ó Senhor Deus, consinta em vir a uma pobre alma, e com toda a tua divindade e humanidade, satisfaças a fome que ela tem de ti.

Ó mentes felizes e abençoadas, que têm o privilégio de te receber, seu Senhor e Deus, com afeição piedosa e, ao receber a ti, enchem-se plenamente de alegria espiritual!

Oh, quão grandioso é o Senhor delas! Que hóspede amado elas acolhem! Que companheiro magnífico é esse que recebem! Que amigo fiel saúdam com boas-vindas! Que companheiro amável e nobre abraçam! Este é aquele que deve ser amado acima de tudo o que é amado, e acima de todas as coisas que se pode desejar.

Ó tu, dulcíssimo e amabilíssimo, que o céu e a terra e todos os seus ornamentos se calem em tua presença. Porque, sejam quais forem o louvor e a beleza que possam ter, serão fruto de tua condescendência generosa, e jamais se igualarão em graça e beleza ao teu nome, "pois é impossível medir o teu entendimento" (Sl 147.5).

4
Àquele que participa da ceia do Senhor devotamente são concedidas muitas bênçãos

A voz do discípulo

1 Ó Senhor meu Deus, concede a teu servo bênçãos de tua doçura, para que eu me aproxime com dignidade e devoção de teu glorioso sacramento.

Anima meu coração para que seja sensível a ti, e livra-me de toda paralisia. Visita-me com tua salvação, para que eu possa experimentar em espírito tua doçura, que se encontra em toda a sua plenitude neste sacramento, como numa fonte.

Ilumina também meus olhos para que eu contemple tão grande mistério, e fortalece-me com fé inabalável para que creia nele.

Porque é obra tua, e não do poderio humano; é tua sagrada instituição, e não invenção do homem.

Porque, por si só, homem nenhum é capaz de compreender e perceber essas coisas, que transcendem até mesmo as capacidades mais extraordinárias dos anjos.

Que porção, portanto, desse mistério tão elevado e santo posso eu, pecador indigno, pó e cinza, investigar e compreender?

2 Ó Senhor, na simplicidade do meu coração, com uma fé humilde e firme, e mediante teu mandamento, aproximo-me de ti com esperança e reverência, e confio plenamente que estás presente, Deus e homem, neste sacramento.

Teu desejo é que eu te receba, e que me una a ti em caridade.

Por isso, imploro tua misericórdia e anelo por tua graça especial, para que eu me dissolva totalmente em ti e transborde de amor, não permitindo mais que as consolações externas tomem lugar.

Porque este sacramento elevadíssimo e precioso é saúde tanto para a alma quanto para o corpo, remédio para todo desânimo espiritual; nele meus vícios são curados, minhas paixões refreadas, minhas tentações vencidas ou, pelo menos, atenuadas; concede maior graça, desenvolve a virtude nascida, confirma a fé, fortalece a esperança e inflama e amplia o amor.

3 Porque neste sacramento tu concedeste, e muitas vezes ainda concedes, inúmeros benefícios aos teus amados que comungam piedosamente, ó meu Deus, protetor da minha alma, fortalecedor da fragilidade humana e doador de todo conforto interior.

Tu comunicas a eles imenso conforto diante de numerosas tribulações, e os elevas das profundezas de sua tristeza para que tenham esperança em tua proteção, recriando-os e iluminando-os com nova graça, de modo que, no início, e antes da comunhão, eles que estavam ansiosos e desanimados são mais tarde reanimados com a carne e a bebida celestiais, sentindo-se melhor.

E de tal forma lidas com teus eleitos que eles reconhecem de fato, e sem sombra de dúvida, o tamanho de sua enfermidade, e como é grande a bondade e a graça que recebem de ti.

Porque por si mesmos são frios, áridos e sem devoção, mas por teu intermédio se tornam fervorosos, alegres e cheios de piedade.

Quem há que, aproximando-se humildemente da fonte da doçura, não leva dali ao menos um pouco dela?

Quem é que, estando ao lado do fogo, não recebe dele um pouco de calor?

Tu és uma fonte sempre cheia e transbordante, um fogo que sempre queima e nunca se apaga.

4 Portanto, se não puder retirar da própria fonte nem sorver a parte que me cabe, mesmo assim buscarei com os lábios esse conduto celestial, para que dele receba pelo menos uma gota pequena que sacie minha sede, de modo que não fique completamente seco.

Embora não possa por enquanto revestir-me de tudo o que é celestial, e não seja tão ardoroso quanto o querubim e o serafim, ainda assim me esforçarei para me aplicar com zelo à devoção e preparar meu coração para fruí-la mesmo que seja uma pequena centelha do fogo divino, recebendo humildemente este sacramento que concede a vida.

Seja o que for que me falte agora, ó misericordioso Jesus, meu santo Salvador, concede generosa e graciosamente a mim, tu que achaste por bem nos chamar a todos a ti quando disseste: "Venham a mim, todos os que estão cansados e sobrecarregados, e eu lhes darei descanso" (Mt 11.28).

5 Trabalho com o suor de meu rosto, tenho o coração angustiado, estou sobrecarregado de pecados, as tentações me atormentam, são muitas as paixões malignas que me enlaçam e oprimem, ninguém me ajuda, não há quem me livre e me salve, somente tu, ó Senhor Deus, meu Salvador, a quem me entrego, e tudo o que é meu, para que tu me guardes e me leves seguro à vida eterna.

Recebe-me para honra e glória de teu nome, tu que preparaste teu corpo para ser carne e bebida.

Permite, ó Senhor Deus, meu Salvador, que, ao frequentar teus mistérios, o zelo de minha devoção cresça e aumente.

5
A dignidade do sacramento e a função ministerial

A voz de Jesus

1 Se você tivesse pureza angelical e a santidade de João Batista, não seria digno de receber ou de administrar este sacramento.

Porque não está nos limites dos méritos humanos que o homem consagre e administre o sacramento de Cristo e receba por alimento o pão dos anjos.

Grande é este mistério, e grande é a dignidade dos ministros, a quem se concede aquilo que não se permite aos anjos.

Porque só os ministros ordenados pela Igreja têm poder para celebrar este sacramento e consagrar o corpo de Cristo.

O ministro é, de fato, ministro de Deus; ele usa a palavra de Deus por ordem e atribuição divinas, mas Deus é ali o principal autor, o operador invisível, a quem estão sujeitas todas as coisas conforme seu agrado, e tudo o que ordena se cumpre.

2 Você deve, portanto, acreditar mais em Deus Todo-poderoso neste excelentíssimo sacramento do que em sua própria razão, ou em qualquer sinal visível.

Por isso, aproxime-se dessa obra santa com temor e reverência.

Analise bem seu interior e veja de que se trata esse ministério que lhe foi entregue pela imposição das mãos do bispo.

Pois agora você é ministro, consagrado para celebrar os sacramentos do Senhor. Esforce-se, portanto, para oferecer o sacrifício cristão a Deus com fé e devoção, e nas oportunidades apropriadas, portando-se de tal forma que não haja em você motivo de censura.

Seu fardo não ficou mais leve. Você agora está sujeito a uma disciplina maior, e está obrigado a um grau de santidade ainda mais elevado.

O ministro deve estar adornado com todas as graças e deve dar exemplo de uma vida de retidão a outros.

Sua vida e suas conversas não devem se conduzir da maneira popular e comum dos homens; elas devem, isto sim, dialogar com os anjos do céu ou com os homens perfeitos da terra.

3 O ministro em suas vestes sagradas é representante de Cristo, e com toda súplica e humildade pede a Deus por si mesmo e por todo o povo.

Ele também não deve cessar de orar e de oferecer oblações santas até que obtenha graça e misericórdia.

Quando o ministro celebra a santa eucaristia, ele honra a Deus, regozija-se com os anjos, edifica a igreja, ajuda os vivos, celebra os que partiram e se torna participante de todas as coisas boas.

6
Uma pergunta sobre o exercício espiritual antes da comunhão

A voz do discípulo

1 Quando medito sobre tua dignidade, ó Senhor, e penso na minha maldade, tremo sobremaneira e me vejo atônito.

Porque, se não te buscar, fujo da vida, e, se me intrometo de modo indigno, incorro em teu desprazer.

Ora, que devo fazer, ó meu Deus, meu auxílio e conselheiro nos momentos de dificuldade?

2 Ensina-me o caminho correto, revela-me um breve exercício adequado a esta santa comunhão.

Porque é bom para mim saber como devo, com reverência e devoção, preparar meu coração para ti, a fim de receber com proveito teu sacramento, ou para celebrar sacrifício tão grandioso e divino.

7
A importância de examinar a consciência e os propósitos santos da correção

A voz de Jesus

1 Mais que tudo, o ministro de Deus deve se apresentar à celebração e à administração do sacramento com grande humildade de coração e com súplicas reverentes, cheio de fé e com o devido respeito à honra divina.

Examine com atenção sua consciência e esforce-se ao máximo para purificá-la e limpá-la com verdadeira contrição e confissão humilde, de modo que não haja nada em você que seja oneroso, ou que faça brotar o remorso de consciência, impedindo seu livre acesso ao trono da graça.

A lembrança de seus pecados deve ser motivo de aflição, e suas transgressões diárias devem ser motivo de lamentos e aflições.

Se você tiver tempo, confesse a Deus secretamente em seu coração todos os males terríveis de suas paixões desordenadas.

2 Lamente-se e aflija-se por ser ainda tão carnal e mundano, tão pouco mortificado em suas paixões, tão impelido à concupiscência.

Tão desatento a seus sentidos externos, tão comumente envolvido em inúmeras fantasias vãs.

Tão inclinado às coisas externas, tão negligente em relação a seu interior.

Tão pronto ao riso e à falta de modéstia, tão indisposto às lágrimas e à contrição.

Tão disposto ao sossego e aos prazeres da carne, tão avesso ao zelo e à vida rigorosa.

Tão curioso para saber das novidades e ver paisagens magníficas, tão relapso na hora de acolher o que é humilde e simples.

Tão cobiçoso de riquezas, tão recatado ao dar, tão predisposto a reter.

Tão imoderado na hora de falar, tão pouco afeito ao silêncio.

Tão inconveniente nos modos, tão impaciente no agir.

Tão descontrolado na hora de se alimentar, tão surdo à palavra de Deus.

Tão apressado em descansar, tão lento na hora de trabalhar.

Tão desperto às fofocas, tão sonolento quando se trata dos serviços sagrados.

Tão precipitado a correr para que os serviços terminem logo, tão propenso a vaguear e à falta de atenção.

Tão negligente nas orações, tão morno na celebração da santa eucaristia, tão seco e sem sentimento na hora de recebê-la.

Tão facilmente distraído, tão raras vezes atento.

Tão inclinado à ira repentina, tão disposto a se mostrar incomodado com o outro.

Tão pronto a julgar, tão severo em reprovar.

Tão alegre na prosperidade, tão frágil na adversidade.

Tantas vezes toma boas decisões, mas tão poucas vezes elas produzem o efeito desejado.

3 Estes e outros defeitos seus, confessados e lamentados, além do grande desprazer em relação à sua fragilidade, devem levá-lo à firme resolução de corrigir sempre a vida e se esforçar mesmo depois de ter feito um grande progresso em santidade.

Então, com renúncia plena e decisão total, honre meu nome e ofereça um holocausto perpétuo no altar de seu coração, entregando fielmente seu corpo e alma a mim.

Assim, você será considerado digno de celebrar esse sacrifício a Deus e receber com proveito o sacramento do meu corpo.

4 Porque o homem não dispõe de oblação mais digna ou maior para lavar seus pecados do que oferecer a si mesmo a Deus de maneira pura e completa na santa comunhão do corpo e do sangue de Cristo.

Depois que o homem tiver feito o que lhe cabe, e realmente se arrepender, virá a mim pedindo perdão e graça. "Juro pela minha vida", diz o Senhor, "que não tenho prazer na morte dos ímpios, antes tenho prazer em que eles se desviem dos seus caminhos e vivam" (Ez 33.11), e "não terei lembrança de nenhuma das ofensas que cometeu" (Ez 18.22).

8
O sacrifício de Cristo na cruz e a renúncia pessoal

A voz de Jesus

1 De minha própria vontade me ofereci a Deus Pai por seus pecados, com as mãos pregadas à cruz e o corpo desnudo, de modo que nada havia em mim que não fosse oferecido em sacrifício para a satisfação da majestade divina.

De igual modo você deve se oferecer de bom grado a mim todos os dias na santa comunhão, como oblação pura e santa, com toda a sua força e afeições, no grau máximo de suas faculdades interiores.

O que eu peço de você, senão que se empenhe e renuncie a si mesmo entregando-se a mim?

O que quer que você entregue além de si mesmo não tem valor nenhum aos meus olhos, porque não busco seus dons, e sim a você mesmo.

2 Assim como não seria suficiente você ter todas as coisas sem mim, também não pode me agradar o que quer que você dê sem oferecer a si mesmo.

Ofereça-se a mim e entregue-se completamente a Deus, e sua oferta será aceitável.

Pois eu me ofereci totalmente ao meu Pai por você, e dei meu corpo e sangue por seu alimento, para que eu fosse totalmente seu e para que você fosse meu até o fim.

Mas, se você se guardar para si mesmo e não se oferecer livremente à minha vontade, sua entrega não será total e não haverá união perfeita entre nós.

Assim, a entrega livre de si mesmo às mãos de Deus deve preceder suas ações, se você quiser alcançar liberdade e graça.

Por esse motivo, poucos se tornam interiormente livres e iluminados, porque são avessos à entrega total.

O que eu disse permanece: "Qualquer de vocês que não renunciar a tudo o que possui não pode ser meu discípulo" (Lc 14.33). Portanto, se você quiser ser meu discípulo, entregue-se a mim com todos os seus afetos.

9

Entregue a si mesmo e tudo o que lhe pertence a Deus, e ore por todos

A voz do discípulo

1 A ti pertencem, ó Senhor, todas as coisas que há no céu e na terra.

Quero me entregar a ti como oferta gratuita e continuar a ser teu para sempre.

Ó Senhor, na simplicidade do meu coração ofereço-me a ti neste dia, em humilde submissão, como sacrifício de louvor perpétuo e para ser teu servo perene.

Recebe-me, Senhor, com esta oferta santa de teu precioso corpo que ofereço a ti neste dia, na presença dos anjos que aqui presidem invisíveis. Que isso seja para o meu bem e para o bem de todos.

2 Ofereço a ti sobre teu altar de misericórdia, ó Senhor, todos os meus pecados e ofensas, que cometi diante de ti e de teus santos anjos desde o dia em que primeiro pequei até o presente momento, para que tu os consumas e os queimes todos com o fogo do teu amor, limpando-me da mácula de meus pecados, purificando minha consciência de toda ofensa, restaurando em mim tua graça que perdi por causa do pecado, perdoando-me todas as minhas ofensas, e me recebendo misericordiosamente para o beijo da paz.

3 Que posso fazer em relação a meus pecados, senão confessá-los e lamentá-los humildemente, sempre em busca de teu favor e de tua propiciação?

Imploro-te, ouve-me graciosamente quando me coloco diante de ti, meu Deus.

Meus pecados me desagradam profundamente; não quero mais cometê-los, mas por causa deles sofro, e sofrerei enquanto viver. Estou decidido a me arrepender e fazer restituição conforme o máximo das minhas forças.

Perdoa-me, ó Deus, perdoa meus pecados por amor ao teu nome santo, salva minha alma que redimiste com teu preciosíssimo sangue.

Eis que me confio à tua misericórdia, renuncio a mim mesmo e me entrego a tuas mãos.

Lida comigo de acordo com tua bondade, e não de acordo com minha fraqueza e iniquidade.

4 Ofereço a ti tudo o que há de bom em mim, embora seja muito pouco e imperfeito, para que tu possas corrigir e santificar; para que tornes aceitável a ti, e aperfeiçoes sempre mais e mais, fazendo que eu, pobre criatura odiosa e inútil, tenha um final bom e abençoado.

5 Ofereço a ti todos os desejos piedosos das pessoas devotas, as necessidades dos pais, amigos, irmãos, irmãs e de todos os que me são queridos, e que fizeram o bem a mim ou a outros por teu amor.

Entrego também a ti todos os que quiseram que eu orasse por eles e pelos seus, e me pediram que o fizesse, quer ainda vivam na carne, quer já tenham partido desta vida.

Concede que todos recebam o auxílio de tua graça, a ajuda de tua consolação, a proteção dos perigos, a libertação do sofrimento, e que, libertos de todos os males, possam retribuir com alegria dando graças a ti.

6 Ofereço a ti minhas orações e intercessões por aqueles que em alguma coisa me iludiram, me fizeram sofrer ou me caluniaram, ou de algum modo me feriram ou injuriaram.

Oro por todos aqueles a quem em algum momento eu incomodei, irritei, afligi e escandalizei com palavras ou atos, consciente ou não.

Que tu perdoes todos os nossos pecados e ofensas que cometemos uns contra os outros.

Remove do nosso coração, ó Senhor, toda suspeita, indignação, ira e disputa, e qualquer coisa que possa ferir a caridade e fragilizar o amor fraternal.

Tem misericórdia, ó Senhor, tem misericórdia daqueles que anseiam por tua misericórdia, concede graça aos que dela necessitam, e faze que possamos ser considerados dignos de desfrutar tua graça e prosseguir rumo à vida eterna. Amém.

10

Não deixe de participar da ceia do Senhor por causa de algo pouco importante

A voz de Jesus

1 É preciso recorrer sempre à fonte da graça e da divina misericórdia, à fonte da bondade e de toda pureza, para que você seja curado de seus pecados e de suas paixões e fique fortalecido e vigilante contra todas as tentações e enganos do diabo.

Sabendo o inimigo que grande lucro e auxílio reparador vêm pela santa comunhão, ele se esforça por todos os meios e ocasiões para impedir que o fiel e o devoto tenham parte nela.

2 Acontece, às vezes, que, quando algumas pessoas estão se preparando para receber a santa comunhão, são elas acometidas de ilusões diabólicas piores do que as que as acometeram anteriormente.

O próprio espírito decaído vem entre os filhos de Deus para atormentá-las segundo sua malícia habitual, ou então aterrorizá-las e deixá-las perturbadas, para que possa então diminuir seus afetos ou atacá-las diretamente, roubando-lhes a fé para que desse modo prevaleça sobre elas, impedindo-as totalmente de comungar ou, no mínimo, deixando-as mornas.

Mas não se deve dar atenção a tais sugestões fantásticas, por mais vergonhosas e repugnantes que sejam. Todas essas imaginações vãs acabarão por atingi-lo na cabeça.

Você deve desprezar e rir em sinal de escárnio daquela criatura miserável, e não deixe de participar da santa comunhão por causa de suas investidas, ou em razão das dificuldades que ele faz surgir dentro de você.

3 Muitas vezes, uma solicitude exagerada para alcançar certo grau de devoção, bem como um tipo de ansiedade em relação à confissão de pecados, acaba por atrapalhá-lo.

Nisso, siga o conselho do sábio e lance fora toda ansiedade e a falta de escrúpulos, porque tais coisas impedem a graça de Deus de agir e põem por terra a devoção da alma.

Não deixe de comungar por causa de coisas e de preocupações triviais; pelo contrário, confesse imediatamente seus pecados e perdoe de bom grado as demais pessoas, sejam quais forem as ofensas que elas tenham cometido contra você.

Se você ofendeu alguém, peça perdão humildemente, e Deus bem depressa o perdoará.

4 De que adianta demorar a se confessar, ou adiar a santa comunhão?

Purifique-se quanto antes, lance fora o veneno, apresse-se a aplicar esse remédio soberano e verá que é muito melhor recebê-lo já do que adiá-lo.

Se você omiti-lo hoje por um motivo qualquer, talvez amanhã outro motivo, de força maior, lhe sobrevenha, e assim você estará impedido por muito tempo de comungar, tornando-se cada vez mais despreparado para esse momento.

O mais depressa que puder, livre-se de todo peso e indolência atuais, porque de nada vale persistir por longo tempo na intranquilidade ou ter a consciência incomodada. Os impedimentos diários afastam você do culto divino.

Sim, é muito doloroso adiar por longo tempo a comunhão, porque isso não vem sem um forte entorpecimento espiritual.

Infelizmente, algumas pessoas mornas e indisciplinadas adiam propositadamente a confissão e o santo sacramento, para que não tenham de vigiar com rigor seu comportamento.

5 Como é pobre e mísero seu amor, como é frágil sua devoção, porque facilmente adiam a santa comunhão!

Como é feliz e como Deus quer bem aquele que mantém pura sua consciência, de tal modo que está sempre preparado para comungar todos os dias, se isso lhe fosse permitido e sem que outros percebessem!

Se uma pessoa por vezes se abstém em razão de sua humildade, ou porque há uma lei qualquer que a impeça, deve-se louvá-la na medida em que demonstra tal sentimento de reverência.

Mas, se tiver sido acometida de indolência espiritual, é preciso que a espante, e faça o que lhe cabe fazer, e o Senhor a assistirá em seu desejo pela boa vontade até aqui demonstrada, à qual respeita acima de tudo.

6 Entretanto, em caso de impedimento legítimo, sempre haverá boa vontade e a piedosa intenção de comungar, e assim não perderá ela o fruto do sacramento.

Porque qualquer devoto poderá, a qualquer dia e a qualquer momento, aproximar-se com proveito e sem qualquer proibição de Cristo em comunhão espiritual.

Ainda assim, em certos dias, e na hora marcada, ele deverá receber sacramentalmente, com reverência afetuosa, o corpo do seu Redentor, buscando assim a honra e a glória de Deus, e não seu próprio conforto.

Porque ele comunga misticamente, e invisivelmente é renovado com a mesma frequência com que traz à mente o mistério da encarnação e da Paixão de Cristo, sendo inflamado por seu amor.

7 Aquele que não se prepara, exceto quando alguma festa se aproxima, ou quando o costume o compele a fazê-lo, estará constantemente despreparado.

Bem-aventurado é aquele que se oferece por inteiro como oferta queimada ao Senhor com tanta frequência quanto administra ou recebe a santa comunhão.

Não demore muito, ou não se apresse demais, para celebrar o culto místico, preservando sempre as boas maneiras daqueles com quem você convive.

Não seja aborrecido ou incômodo para com os outros; antes, observe o costume recebido conforme a ordem de nossos pais, entregando-se ao proveito alheio, e não à sua própria devoção ou sentimentos.

11

O corpo de Cristo e as Sagradas Escrituras são extremamente necessários para a alma fiel

A voz do discípulo

1 Ó bendito Senhor Jesus, quão grande é a bênção de uma alma devota que celebra contigo no teu banquete, onde outro alimento não é servido, senão tu mesmo, o único amado e mais desejável acima de todos os desejos do coração!

Sem dúvida seria coisa doce para mim derramar lágrimas do fundo do meu coração em tua presença, e, com a amada Madalena, lavar teus pés com minhas lágrimas.

Mas onde está agora essa devoção? Onde se encontra aquela efusão rica de lágrimas santas?

Certamente à tua vista e à de teus santos anjos todo o meu coração deveria se inflamar e chorar de regozijo.

Porque no sacramento tenho a ti realmente presente, embora oculto sob outra representação.

2 Porque te contemplar em teu brilho divino seria impossível para meus olhos, e o mundo não resistiria ao esplendor da glória de tua majestade.

Assim é que vens ao encontro de minha fraqueza, oculto sob o sinal externo do sacramento.

A ele eu possuo e adoro, a ele a quem os anjos adoram no céu; todavia, no momento presente, faço-o pela fé, ao passo que eles te contemplam face a face e sem véu.

Devo me contentar com a luz da fé verdadeira, e nela andar, até que venha o dia do brilho eterno e as sombras das figuras desapareçam.

"Quando, porém, vier o que é perfeito" (1Co 13.10), o uso dos sacramentos cessará, porque os bem-aventurados na glória celestial não precisam de outro remédio sacramental.

Eles se regozijam sem fim na presença de Deus, contemplando sua glória face a face e sendo transformados de glória em glória na imagem da divindade incompreensível; eles saboreiam a Palavra de Deus encarnada, como era no princípio e para sempre permanecerá.

3 Sempre que penso sobre essas coisas maravilhosas, todo conforto espiritual se torna tedioso, porque, enquanto não vir meu Senhor abertamente em sua glória, nada me importa de tudo o que vejo ou ouço neste mundo.

Tu és minha testemunha, ó Deus, de que nada pode me consolar, nenhuma criatura pode me dar descanso, senão tu, meu Deus, a quem desejo contemplar para sempre.

Todavia, isso não é possível enquanto eu permanecer nesta vida mortal.

Portanto, devo me revestir de muita paciência e me submeter a ti em todos os meus desejos.

Porque até mesmo teus santos, ó Senhor, que agora se rejubilam contigo no reino dos céus, enquanto viviam esperavam na fé e com grande paciência pela vinda de tua glória. Aquilo em que criam, creio também; aquilo em que esperavam, também espero; onde eles chegaram, espero chegar pela graça.

Enquanto isso, andarei pela fé, fortalecido pelos exemplos dos santos.

Também disponho de livros santos para meu conforto e para espelho da minha vida e, acima de tudo isso, tenho teu corpo santíssimo como remédio e refúgio singular.

4 Vejo que duas coisas são estritamente necessárias para mim nesta vida, sem as quais esta vida miserável seria insuportável.

Embora esteja preso neste corpo, reconheço que preciso de duas coisas, isto é, alimento e luz.

A mim, que sou frágil e indefeso, tu deste teu corpo santo para refrigério tanto da alma quanto do corpo, e tua palavra deixaste "como lâmpada que ilumina os meus passos" (Sl 119.105).

Sem essas duas coisas, não poderia viver bem, porque a palavra de Deus é luz para minha alma, e teu sacramento, pão da vida.

Pode-se dizer que se trata de duas mesas postas uma de um lado e outra do outro no tesouro da santa Igreja.

Uma mesa é a do altar sagrado onde está o pão santo, ou seja, o corpo precioso de Cristo; a outra é a da lei divina contendo a doutrina santa que ensina aos homens a fé correta e os impulsiona decididamente na direção do véu, que é o Santo dos Santos.

Graças a ti, ó Senhor Jesus, tu, luz da luz eterna, por aquela mesa da santa doutrina que preparaste para nós por meio de teus servos, profetas, apóstolos e outros mestres!

5 Redentor da humanidade que, para manifestar teu amor ao mundo todo, preparaste uma grande ceia, a qual puseste diante de nós para que a comêssemos, mas não o cordeiro comum, e sim teu santíssimo corpo e teu santíssimo sangue, regozijando-se todos os fiéis com este santo banquete, reabastecendo-os plenamente com o cálice da salvação, no qual se encontram todos os deleites do paraíso. Os santos anjos celebram conosco, mas com doçura ainda maior.

6 Oh, como é grande e honroso o ofício dos ministros de Deus, a quem é concedido, por meio de santas palavras, consagrar o sacramento do Senhor da glória, e com seus lábios abençoar, com suas mãos segurar, e com a própria boca receber e também administrar a outros!

Oh, como devem ser limpas essas mãos, pura a boca, santo o corpo, imaculado o coração, em que tantas vezes entra o autor da pureza!

Nada, senão o que é santo, nenhuma palavra, senão aquela que for boa e proveitosa, deverá sair de sua boca, que tantas vezes recebe o sacramento de Cristo.

7 Singelos e castos devem ser os olhos habituados a contemplar o corpo de Cristo; puras e levantadas para o céu devem ser as mãos acostumadas a tocar o Criador do céu e da terra.

Foi dito na lei, especialmente aos ministros: "Sejam santos porque eu, o Senhor, o Deus de vocês, sou santo" (Lv 19.2).

8 Ó Deus Todo-poderoso, tu nos assistes com tua graça, de modo que nós, os que tomamos o ofício do ministério, sejamos capazes de te servir de maneira digna e devota com toda a pureza e de boa consciência.

E, se não vivemos em tão grande inocência como deveríamos, concede-nos, pelo menos, lamentar com dignidade os pecados que cometemos e, no espírito de humildade, e com pleno propósito de boa vontade, servir-te mais fielmente pelo tempo que há de vir.

12

Prepare-se com grande diligência antes de participar da ceia do Senhor

A voz de Jesus

1 Sou amante da pureza e doador de toda santidade.

Busco um coração puro, e ali repouso.

Prepare para mim um grande cenáculo mobiliado e passarei ali a Páscoa em sua casa com meus discípulos.

Se quiser que eu venha até você e permaneça a seu lado, "livre-se do fermento velho" (1Co 5.7) e deixe limpa a habitação de seu coração.

Deixe de fora o mundo inteiro e toda a multidão de pecados; sente-se como se fosse um pardal solitário em cima do telhado de uma casa, e pense nas suas transgressões com amargura na alma.

Porque todo aquele que ama haverá de preparar o lugar melhor e mais puro para o seu amado, pois assim se dá a conhecer a afeição daquele que o acolhe.

2 Saiba, porém, que nenhum mérito próprio pode tornar essa preparação suficiente, embora você deva se preparar durante um ano inteiro, e nada mais deve ocupar sua mente.

No entanto, é somente pela graça e pelo favor que você é acolhido em minha mesa, como um mendigo que fosse convidado ao banquete de um rico. Ele nada tem a oferecer que possa compensar o convite feito, senão humildemente agradecer.

Faça o que lhe cabe fazer, e faça-o com cuidado, não por hábito, não por necessidade, mas com temor e reverência, e com afeição receba o corpo do Senhor Deus no momento em que ele consentir em vir até você.

Sou eu que o chamo, ordenei que assim fosse. Completarei o que falta em você; venha e receba-me.

3 Quando lhe conceder a graça da devoção, dê graças a seu Deus, porque ela lhe foi concedida não por merecimento, mas porque tive misericórdia de você.

Se você não a tem e se sente ressequido por isso, ore sem mais demora, suplique, bata e não desista enquanto não receber alguma migalha ou gota da graça salvadora.

Você precisa de mim; eu não preciso de você.

Sua presença não me santifica; sou eu quem o santifica e o torna melhor.

Você vem para que eu possa santificá-lo e uni-lo a mim, de modo que possa receber nova graça e assim se sentir estimulado a corrigir sua vida.

Não negligencie essa graça; antes, prepare seu coração com toda a diligência e receba seu amado em sua alma.

4 Entretanto, você não deve apenas se preparar com devoção antes da comunhão, mas com a prudência devida assim se preservar depois de ter recebido o sacramento.

Guardar-se com prudência depois de comungar é tão importante quanto a preparação devota antes de recebê-la.

Porque agindo assim você estará mais bem preparado novamente para receber uma graça maior.

Se alguém se entrega em demasia a consolações externas, ficará extremamente indisposto à devoção.

Cuidado com o excesso de conversas, recolha-se a um lugar secreto e desfrute de seu Deus; ele é seu, e nada nem ninguém no mundo poderão tirá-lo de você.

Eu sou aquele a quem você deve se entregar totalmente, para que viva o resto de seus dias não em si mesmo, mas em mim, livre de toda ansiedade.

13

A ALMA DEVOTA DEVE BUSCAR DE TODO O CORAÇÃO A UNIÃO COM CRISTO NO SACRAMENTO

A voz do discípulo

1 Como obterei o favor, ó Senhor, de encontrá-lo a sós, abrir diante de ti meu coração e desfrutar de ti conforme deseja minha alma? E assim nenhum homem reparará em mim, nenhuma criatura me perturbará ou terá importância para mim, de modo que somente tu fales comigo, e eu a ti, da forma com que meu coração quer falar a seu amado e um amigo deseja se banquetear com seu amigo.

Isto peço, isto desejo, para que eu possa estar totalmente unido a ti e remova do meu coração todas as coisas criadas e aprenda mais e mais através da sagrada comunhão e de sua celebração constante a apreciar as coisas celestiais e eternas.

Ah, Senhor Deus, quando estarei plenamente unido a ti e absorvido por ti, e me esquecerei totalmente de mim mesmo?

Tu em mim, e eu em ti, permita assim que estejamos sempre unidos.

2 Verdadeiramente tu és meu amado, "que se destaca entre milhares" (Ct 5.10), em quem minha alma quer habitar todos os dias de sua vida.

Verdadeiramente tu és meu pacificador, em quem encontro grande paz e verdadeiro descanso, fora de quem só há luta, sofrimento e miséria infinita.

"Verdadeiramente tu és um Deus que se esconde" (Is 45.15), e teu conselho não está com o ímpio; não, tuas palavras são dirigidas ao humilde e aos simples de coração.

Como é doce teu espírito, ó Senhor, que, a fim de mostrar tua doçura para com teus filhos, consentes em alimentá-los com o pão que é cheio de toda a doçura e que desce do céu.

"Pois, que grande nação tem um Deus tão próximo como o Senhor, o nosso Deus?" (Dt 4.7). Tu és presente a todos os teus fiéis, aos quais, para seu conforto diário e para animar seu coração, concedes a ti mesmo como alimento a ser desfrutado.

3 Que outra nação há tão célebre como o povo cristão?

Ou que criatura debaixo do céu há que seja tão amada como a alma devota em que Deus se une para alimentá-la com sua carne gloriosa?

Ó graça inefável! Ó condescendência admirável! Ó amor imensurável concedido especialmente ao homem!

Que darei ao Senhor por essa graça, por esse amor sem igual?

Não há nada mais que eu possa apresentar de mais aceitável do que lhe oferecer todo o meu coração, e uni-lo o mais profundamente possível ao dele.

Então minhas entranhas se alegrarão, quando minha alma for perfeitamente unida a Deus.

Então ele me dirá: "Se queres estar comigo, também eu quero estar contigo".

E eu lhe direi: "Consente, Senhor, em permanecer comigo, porque estarei alegremente contigo.

"Isto é o que eu mais desejo, que meu coração se una a ti".

14

O desejo ardoroso do homem devoto de receber o corpo de Cristo

A voz do discípulo

1 Ó Senhor, "como é grande a tua bondade, que reservaste para aqueles que te temem"! (Sl 31.19)

Quando me lembro de algumas pessoas devotas que se aproximam do teu sacramento, ó Senhor, com imensa devoção e afeição, muitas vezes me sinto confuso e envergonhado quando penso que venho com enorme mornidão, até com frieza, a teu altar e à mesa da sagrada comunhão.

Entristeço-me ao pensar em minha secura, na falta de afeição por ti, e que não me sinto plenamente inflamado em tua presença, ó meu Deus, nem me sinto realmente atraído e movido de afeição quanto tantas pessoas devotas se sentem. Por causa da afeição que trazem no coração, elas não conseguem refrear as lágrimas, e com a boca do coração e do corpo, elas, do mais profundo de sua alma, anseiam por ti, ó Deus fonte de vida, e por isso são incapazes de sossegar ou de satisfazer sua fome de outro modo, a não ser recebendo teu corpo com todo o prazer e anseio espiritual.

2 Ah, a verdadeira fé ardente dessas pessoas! Ela deixa à mostra a evidência de tua santa presença.

Porque elas conhecem verdadeiramente seu Senhor no partir do pão, e seu coração queima com ardor no peito, enquanto tu, ó bendito Jesus, caminhas e conversas com elas.

Um desejo e uma devoção desse tipo, amor e fervor tão veementes, muitas vezes estão longe de mim.

Sê favorável a mim, ó misericordioso Jesus, doce e gracioso Senhor, e permite-me, tua criatura pobre e necessitada, pelo menos algumas vezes, nesta santa comunhão, sentir uma porção ainda que pequena do teu amor afetuoso e sincero, de modo que minha fé se torne mais forte, minha esperança em tua bondade cresça e que a caridade, uma vez perfeitamente inflamada depois de saborear o maná celestial, jamais morra.

3 Todavia, tua misericórdia pode me dar a graça pela qual anelo, e, no dia em que for do teu agrado, visitar-me com excelente misericórdia em espírito de fervor.

Porque embora eu não arda com tão grande desejo como aqueles que são especialmente dedicados a ti, mesmo assim, pela tua graça, anseio por esse desejo tão inflamado, orando e anelando participar com todos os que te amam com tamanho fervor e ser contado entre aqueles que participam de tua santa companhia.

15

A graça da devoção vem pela humildade e pela negação de si mesmo

A voz de Jesus

1 Busque com zelo a graça da devoção, peça-a com ardor, espere por ela com paciência e confiança, receba-a com gratidão, conserve-a com humildade, trabalhe diligentemente em parceria com ela e entregue a Deus os termos e a maneira como se dará essa visitação divina até que seja do seu agrado vir até você.

É muito importante que você se humilhe sempre que sentir em seu interior pouca ou nenhuma devoção, mas também não se sinta desanimado em demasia, nem se aflija excessivamente.

Deus sempre dá num breve instante aquilo que ele negou durante muito tempo. Às vezes, ele dá no final o que no começo de sua oração ele havia se negado a conceder.

2 Se a graça fosse sempre concedida, e estivesse à disposição bastando desejar sua presença, a fragilidade humana não seria capaz de suportá-la.

Portanto, a graça da devoção deve ser aguardada com boa esperança e humilde paciência.

Não obstante, atribua a si mesmo e a seus próprios pecados a falta dessa graça quando isso ocorrer, ou quando ela for secretamente tirada de você.

Muitas vezes, é coisa pequena que impede e oculta a graça de nós, se é que pode ser chamado de pequeno, e não de grande obstáculo, o que obstrui um bem tão grande.

Se você remover esse empecilho grande ou pequeno, e vencê-lo completamente, seu desejo se realizará.

3 Porque, tão logo você se entrega a Deus de todo o coração, e busca não isso ou aquilo conforme seu prazer ou desejo, mas se fixa totalmente nele, você se sentirá recomposto e em paz, porque nada proporcionará refrigério tão suave e nada será tão prazeroso como o prazer excelente da divina vontade.

Todo aquele, portanto, que de coração singelo elevar sua intenção a Deus e permanecer isento de todo gosto ou desgosto desordenado por qualquer criatura criada, estará em condições mais propícias de receber graça e alcançar a dádiva da verdadeira devoção.

Porque o Senhor concede suas bênçãos a vasos vazios.

E, conforme alguém abandona cada vez mais essas coisas pequenas, e quanto mais morre para si mesmo e despreza a si próprio, tanto mais, e bem depressa, a graça vem, e entra com maior plenitude, elevando o coração livre a alturas cada vez maiores.

4 "Então o verás e ficarás radiante; o seu coração pulsará forte e se encherá de alegria" (Is 60.5), porque a mão do Senhor estará com ele, que se colocou inteiramente em suas mãos, para todo o sempre.

Assim será abençoada a pessoa que busca a Deus de todo o coração, e sua alma será recompensada.

Ao receber a santa eucaristia, o homem alcança o grande favor da divina união, porque não busca sua própria devoção e conforto, mas a devoção, a honra e a glória de Deus.

16
Devemos revelar nossas necessidades a Cristo e desejar intensamente sua graça

A voz do discípulo

1 Ó tu, dulcíssimo e amabilíssimo Senhor, a quem agora desejo receber com toda a devoção, tu conheces minhas enfermidades e as necessidades por que passo, sabes em quantos pecados e males me acho envolvido, e com que frequência sou pressionado, tentado, atormentado e corrompido.

Venho a ti em busca de remédio, imploro a ti consolação e apoio.

Dirijo-me a ti que tudo sabes, diante de quem estão abertos meus pensamentos interiores, e que sozinho podes perfeitamente me consolar e me ajudar.

Tu sabes das coisas boas de que mais tenho necessidade, e como sou pobre em virtude.

2 Eis que estou diante de ti pobre e nu, suplicando tua graça e implorando misericórdia.

Refrigera este suplicante faminto, inflama minha frieza com o fogo do teu amor, ilumina minha cegueira com a luz da tua presença.

Transforma tudo o que for terreno em amargor, tudo o que for doloroso e contrário em paciência, todas as coisas rasteiras e criadas em coisas desprezíveis, relegando-as ao esquecimento.

Eleva meu coração a ti no céu e não me mandes embora a peregrinar sobre a terra.

Sê para mim amável de hoje em diante e para sempre, porque só tu és minha carne e minha bebida, meu amor e minha alegria, minha doçura e todo o meu bem.

3 Oh, que com tua presença tu me incendeies, me queimes e me conformes totalmente a ti, para que eu seja um espírito contigo pela graça da união interna e pela fusão do amor ardente!

Não permitas que me afaste de ti faminto e sedento; antes, trata comigo com misericórdia, como tantas vezes tens tratado admiravelmente com teus santos.

Que coisa maravilhosa se eu fosse totalmente inflamado por ti, e nada que fosse meu prosperasse, uma vez que tu és fogo sempre ardente que jamais se extingue, amor que purifica o coração e ilumina o entendimento.

17

Amor fervoroso e desejo veemente de receber a Cristo

A voz do discípulo

1 Com profunda devoção e amor ardente, com toda a afeição e fervor de coração, desejo te receber, ó Senhor, assim como muitos santos e pessoas devotas te desejaram quando participaram da santa comunhão e que, em santidade de vida, te agradavam profundamente e que, na devoção, também eram fervorosos.

Meu Deus, amor eterno, meu bem maior, felicidade que jamais pode chegar ao fim, quero te receber com a mais sincera afeição, a mais profunda admiração, e reverência jamais igualada por qualquer dos santos, como jamais sentiram em relação a ti.

2 Embora eu seja indigno de nutrir esses sentimentos de devoção, ainda assim ofereço a ti toda a afeição do meu coração, como se eu fosse o único que tivesse os anseios mais prazerosos e ardentes por ti.

Sim, e tudo o que uma mente dócil pode imaginar e desejar, eu ofereço e apresento a ti com a mais profunda reverência e a mais íntima afeição.

Nada quero guardar para mim mesmo, mas livremente e com máxima alegria quero sacrificar-me e a tudo o que é meu.

Ó Senhor, meu Deus, meu Criador e meu Redentor, desejo muito te receber no dia de hoje, e com tamanha afeição, reverência, louvor e honra, com tamanha gratidão, dignidade, amor, com tamanha fé, esperança e pureza, quanto a tua santíssima mãe, a gloriosa virgem Maria, recebeu a ti e te desejou quando o anjo levou a ela as boas-novas do mistério da encarnação, respondendo com humildade e devoção: "Sou serva do Senhor; que aconteça comigo conforme a tua palavra" (Lc 1.38).

3 E como teu mensageiro abençoado, o mais excelente entre os santos, João Batista, regozijando-se na tua presença, ainda no ventre de sua mãe, "agitou-se de alegria" no Espírito Santo (Lc 1.44), e depois, ao ver Jesus caminhando entre os homens, humilhou-se em grande medida e disse com devota afeição: "O amigo que presta serviço ao noivo e que o atende e o ouve, enche-se de alegria quando ouve a voz do noivo" (Jo 3.29); de igual modo desejo também estar inflamado de desejos notáveis e santos, oferecendo-me a ti de todo o coração.

Por isso, ofereço-me a ti e também as alegrias triunfantes, as afeições ardentes, os êxtases mentais, a iluminação sobrenatural e as visões celestiais de todo coração devoto, com todas as virtudes e louvores celebrados e a ser celebrados por todas as criaturas do céu, e na terra, por mim mesmo e por todos os que são entregues a mim em oração, para que por meio de todos tu possas dignamente ser louvado e para sempre glorificado.

4 Recebe, ó Senhor meu Deus, meus desejos e anelos de conceder a ti infinito louvor e bênçãos imensuráveis, as quais, de acordo com a medida de tua inefável grandeza, são com justiça devidas a ti.

Rendo a ti esses louvores e desejo fazê-lo todos os dias e a todo momento. E com toda súplica e afeição convido os espíritos celestiais, e a todos suplico, bem como a teus servos fiéis, que rendam graças comigo e te louvem.

5 "Louvem o Senhor, todas as nações; exaltem-no, todos os povos" (Sl 117.1), e magnifiquem teu nome santíssimo e precioso com exultações e ardente devoção nas alturas.

E que todos os que celebram com reverência e devoção teu mais altíssimo sacramento possam recebê-lo com toda a fé, sendo contados como dignos de achar graça e misericórdia em tuas mãos, e orando com súplicas humildes a favor de mim, pecador.

Quando tiverem alcançado a devoção desejada e a feliz união contigo, e tiverem partido de tua santa mesa celestial, consolados e maravilhosamente revigorados, que se lembrem de minha pobre alma.

18

Não encare o santo sacramento com curiosidade; antes, seja um seguidor humilde de Cristo, submetendo a razão à fé divina

A voz de Jesus

1 Cuidado com a investigação curiosa e inútil em torno deste sacramento de imensa profundidade, se não quiser ser lançado nas profundezas da dúvida. Quem deseja sondar a majestade divina acabará oprimido por sua glória. Deus pode fazer mais do que o homem pode compreender.

Deve-se empreender uma busca dócil e humilde pela verdade, contanto que estejamos sempre prontos para ser ensinados e seguir de acordo com o parecer sadio dos santos pais.

2 É de uma simplicidade abençoada quando o homem abandona a trilha das perguntas e das disputas e segue pela vereda simples e firme dos mandamentos divinos.

Muitos perderam a devoção enquanto buscavam perscrutar coisas muito elevadas.

Para você é necessário a fé e uma vida sincera, e não o conhecimento elevado e a inquirição profunda sobre os mistérios de Deus.

Se você não compreende nem faz ideia das coisas que estão abaixo de você, como poderá compreender as que estão acima?

Submeta-se a Deus e humilhe a razão sujeitando-a à fé de tal modo que lhe seja proveitoso e necessário.

3 Alguns são terrivelmente tentados em sua fé e no santo sacramento. Não se deve imputar a eles tal coisa, e sim ao inimigo.

Não seja ansioso, não brigue com seus próprios pensamentos, nem dê resposta alguma às dúvidas sugeridas pelo diabo; antes, confie nas palavras de Deus, confie em seus santos e profetas, e o inimigo perverso fugirá de você.

Muitas vezes, vale a pena o servo de Deus passar por essas coisas.

Porque o diabo não tenta os descrentes e pecadores, que já são dele, e sim os devotos piedosos e religiosos, os quais tenta e atormenta de diversas maneiras.

4 Siga adiante, portanto, com uma fé simples e inabalável, e, com a reverência de quem suplica, aproxime-se desse santo sacramento. Tudo aquilo que você não conseguir entender, entregue decididamente nas mãos de Deus.

Deus não ilude; ilude-se quem confia muito em si mesmo.

Deus caminha com os simples, revela-se aos humildes, dá entendimento aos pequeninos, abre a razão aos de mente pura e esconde a graça dos curiosos e dos orgulhosos.

A razão humana é frágil e pode se iludir, mas a verdadeira fé não se deixa enganar.

5 Toda busca racional e natural deve seguir a fé, e não se antecipar a ela nem fragilizá-la.

Porque a fé e o amor se sobressaem e trabalham secretamente nesse sacramento santíssimo e de tremenda excelência.

Deus, que é eterno e incompreensível e de poder infinito, faz coisas grandes e insondáveis no céu e na terra, e não há como desvendar suas obras maravilhosas.

Se as obras de Deus fossem de tal ordem que pudessem ser facilmente compreendidas pela razão humana, não poderiam, com justiça, ser chamadas de maravilhosas e inefáveis.

Compartilhe suas impressões de leitura escrevendo para:
opiniao-do-leitor@mundocristao.com.br
Acesse nosso *site:* www.mundocristao.com.br.

Equipe MC: Daniel Faria (editor)
Heda Lopes
Natália Custódio
Diagramação: Felipe Marques
Fonte: Janson Text

www.ingramcontent.com/pod-product-compliance
Ingram Content Group UK Ltd.
Pitfield, Milton Keynes, MK11 3LW, UK
UKHW040316300826
14791UKWH00003B/915